キャバ嬢なめんな。

夜の世界・暴力とハラスメントの現場

布施えり子

現代書館

◆もくじ

キャバクラって、結局なんだ？／キャバ嬢は全国で120万人？／キャバ嬢の〝労働者性〟／崩壊する〝夜の世界〟のオキテ／不夜城のたそがれ／労基もヒドい、水商売だからって……／労基のリスクと使い方／しわ寄せはキャバ嬢のお給料に／キャバユニの押しかけ根性／ロレックスにクロムハーツ／めちゃくちゃ！　弁護士の主張／銀座という〝村〟のルール／キャバクラ・男女が進む道／労働、危険‼

03

自己責任と給与明細の暗黒

083

キャバ嬢の時給のしくみ／ヤバくて意味不明な「給率制」／働く側の「自己責任」――「赤字女！」／総支給額の意味不明／充実の罰金制度

04

キャバクラ・暴力とハラスメントの巣窟

「ランパブに行かすぞ！」／キャバ嬢が駆け込む時／眠れない……肝臓が……／心身に巣食う闇／キャバ嬢は〝商品〟？／セクハラ・パワハラの総本山／派遣はどうだろうか／朝からキモいエロトーク／「すぐにヤリたがる」「触りたがる」お客のウザさ／「夜のディズニーランド」／グチが言えればラクになる／おびえなくていいんだよ、やったれやったれ！／お給料の未払いで大学を退学、進学は断念／カミングアウトとバレることのあいだ／安全に店をやめたい――自宅からの拉致もある／ヤクザはどうなのか／キャバ嬢は何に困って相談するのか／時給65円・セクキャバで日給50円／経営者の〝才覚〟って何？／キャバユニ・その歴史／「キャバ嬢残酷物語」／キャバユニは「交渉人」か？／キャバ嬢への視線と差別――ヤバいのは履歴書をどう書くか

はじめに――「おまえら、ヤクザか？」

「おまえら、ヤクザか？」

店にキャバユニことキャバクラユニオンのみんなで乗り込んだ時、鼻息荒く経営者が投げつけてきた言葉だ。

お給料を払ってほしい、とＬＩＮＥを送った時に、

「来るなら来い」

「徹底的に闘ってやる」

と息巻かれていたその翌日のことだ。

まさか一人で来ると思ったのかな。そんなわけないじゃんね、こっちは組合なのに。でも、集団で来たからって「ヤクザ」なんて、想像力なさすぎじゃない？

歌舞伎町でもどこでも、ヤクザの人はたくさんいるし、わたしたちのことを、ヤクザのフロント団体ぐらいに思っている人たちだってたくさんいる。わたしたちには誰のバックもないけれど。だから、そういった筋の人たちにとって大事な、「誰がケツ持ちか」なんて話もない。わたしたちはわたしたちで動く。仲間と作戦を立ててみんなで乗り込んでいく。

もちろん一人だとなめられるし、あいつら、うちらがなんもできないと思っているから。そして一人のことはみんなのことだから。

「こういう（キャバユニのような労働）組合って儲かるんですか？」

というのも、ときどき経営者から言われる言葉だ。

意外とマジメな疑問らしいのがあきれる。誰一人として、キャバユニの活動でしのいでいる人なんかいない。みんな自分の時間をさいて、組合費を払って組合を支えている。

人が動く動機にはいろいろある。たとえば経済。もちろん未払いや解雇にあった仲間にとっては切実な動機なのは言うまでもない。

でも、それだけなら自分のことだけやればいいわけだし、2～3日程度の未払いで組合に入って動いたりしない。経営者が言うみたいに、「儲かるから」「それで食ってるから」というわけじゃない。

人を動かすのには、恐怖っていうやつもある。暴力や差別を受けたくないから動くというやつ。でも、これはわたしたちから最も遠い動機だ。いや、むしろみんなを動けないように縛りつけてきた動機だ。

どんなに理不尽な目にあっても、どなられるんじゃないか、あいつら、家まで来るんじゃないか、と考えてしまって、怖くてあきらめる人は多い。

暴力と差別の恐怖に身がすくむのを超える手助けをすることが、キャバユニの第一の存在意義なんだと思う。

恐怖と経済。キャバクラの経営者はだいたいこの二つで動いている。だから「ヤクザか?」「儲かるんですか?」という話になるんだろう。だけど、そこから考えてたら、わたしたちのことは絶対に理解できない。


じゃあわたしたちは、なぜ動いたのか。

実は結構ハッキリしている。

解雇や未払い、セクハラやパワハラは不正だからだ。ガマンし続けることなんてない。

そして、不正に対してやり返すことは正しいことだからだ。

やり返す力を、わたしたちは持っている。

「義を見てせざるは勇なきなり」だ。


それからもっと大きな理由として、楽しいから、というのがある。

楽しい、というと誤解されるかもしれないけど、ずっとずっと、イヤなこともガマンして、バカにされたり軽く見られたりしながらしいたげられて働いていたのが、突然変わる。ガラッと変わって、やり返す立場に立つ。

効果的にやり返すために、みんなで相談して準備する。作戦を練って、あれこれ調べて試して実行する。

一人で悩んでいたことをみんなで解決していく。これほど楽しいことはない。こんな楽しいこと、みんな、もっとやればいいのにといつも思う。

キャバユニは、キャバ嬢や、その他水商売で働く女性や男性のための労働組合だ。今回は、そこでの活動の中で得た話をしていきたい。

キャバユニは2009年の結成から8年以上、それから約200件以上の事件を扱って、本人（当該の労働者）があきらめずに争議をやりきればまず無敗という、夜の世界のための労働組合なのだ。キャバユニが何を見て、何を考え、どう闘っているのかを、読者のみなさんには見てほしい。

キャバクラのお客でも、キャバ嬢が労働者だ、なんて言うとイヤな顔をする人もいる。

「もっとまともな仕事につけ」

とか、文句を言われることも多い。

でもね、それってちょっと違うでしょ。

「労働したんだから、約束したお給料を支払ってね」

というのが、どこが変なんだろう。

「キャバクラなんかで働いたんだからあきらめろ」

なんておかしいでしょ！

この本を手に取った人には、キャバクラの業界がどういう作りになっているのか、お給料がどういうシステムで支払われているのか、日々の労働についてキャバ嬢が何を考えているのかも今一度知ってほしいし、キャバ嬢たちには、これを読んで「そうそうあるある！」と共感してほしい。そして、連帯感が生まれたらホントにうれしい。


この本はキャバ嬢や黒服といった、店で働く人、そしてこれからキャバクラで働こうとしている女子高生・大学生なんかに読んでもらいたい。

そして、まさにこれからキャバクラに行こうとするお客に読んでもらいたい。

経営者にも読んでもらって、お給料の未払いやキャバ嬢へのセクハラをもうしないようにしてほしい、キャバ嬢を食いものにしないでほしい、と心の底から思う。

当然、キャバ嬢の抱えるいろんな問題に取り組もうという人や団体にだって読んでもらいたい。キャバユニがキャバ嬢の問題に取り組んだ経験は、別に私有財産でも専売特許でもないし、どんどん共有してほしいから。

キャバ嬢は、実際には世間の荒波にもまれたり、いろんな人といろんな話をしたり聞いたりして、世間的な知恵にはたけている。

世間を生きるプロ、という女性も多い。わたしが出会ったキャバ嬢たちはみんな能動的で素敵な女性たちだった。

そんなキャバ嬢の労働環境から、彼女たちが何を考え、何に困っているのか、そもそもキャバ嬢ってなんなのさ、ということまで、全部この本を読んで考えてほしい。

前置きがずいぶん長くなったけれども、この本をリラックスして読んで、一緒に怒り、一緒に悲しみ、一緒にぼやいて、一緒に笑ってもらえるとうれしい。

01

業界潜入！ わたしの キャバ嬢実録日記

わたしもキャバ嬢に

キャバクラの面接を受けた時、ポーチにはＩＣレコーダーを忍ばせていた。もちろん、店に行く前から録音できる状態にしてある。

なんで録音するかって？　それは団体交渉で経営者がしょっちゅう言うセリフに、

「結局、言った言わないの話でしょ？」

というのがあるからだ。これまで何度このセリフを聞いたことか。

けど、ホントは言った言わないの話なんかじゃない。労働の実態の話じゃないか。でも、経営者はみんな定型文みたいにこのセリフを言うから、働いていた時はずっと、わたしは一度もＩＣレコーダーを手放したことはない。

ポーチにはお客の煙草に火を点けるためのライターと営業用の名刺、電話番号を教えていい客に番号を書くためのボールペン、ガラスコップについた水滴を拭くためのキレイなハンカチ、それに客とアドレスを交換するための携帯電話。そして経営者との〝契約〟を録音するためのＩＣレコーダー。働く時はこの６点が必ず入っていた。

わたしがキャバクラで働き始めたのは、キャバクラユニオンを結成してから約2年後、2010年のことだ。

たくさんの女性の話を聞く中で、いっちょ自分もやってみなきゃな、とはどこかでずっと思っていた。けど、実際に働く決意をするまでは相当な時間がかかった。


わたしは今36歳だけど、街頭にキャッチが出始めたのは自分が10代の時だ。そのころ街を歩いていると、

「キャバクラで働かない？」

とスカウトされることがしょっちゅうあった。

「時給5000円出すから！」

とか言われて、そんなに稼げるのか！　と素直に驚いていた。

けど、わたしは引きこもり気質で人間嫌いだったから、街で声をかけられるのにもビビっているありさまで、そもそも男性スカウトに肩をポン！　と叩かれるのがまず怖かった。

「男にこびを売る仕事でしょ？」

と、キャバクラの仕事に対しても偏見を持っていたし、地味なわたしが、そんな仕事をできるわけがないとも思っていた。けれど、それでも、

「キャバクラで働けば、稼げて自立して実家を出られるかもしれない」

と考えたことは何度もあった。

当時はキャバクラのお給料のカラクリや、未払いが横行していることなんか知らないから、時給だけ聞いたら、それで生活ができると思っていた。

わたしには住んでいける実家があった。だから家に引きこもりながら、わずかな時間に時給730円のパン屋やコンビニ、日給6000円の寺の手伝いなんかで、ぼちぼち働くという、半業フリーターを続けられたから、キャバクラで働くことはなかったけど。

でも、まさか自分が20代後半に差しかかってから、キャバ嬢になるなんて……。

そんなこと、まったく思っていなかった。

〝野心〟と欲望

なぜキャバ嬢になったかって？　それはキャバユニに加わって、キャバクラで働く女性の話をたくさん聞いていく中で、二つの気持ちがわたしの心の中でめばえてきたからだ。

一つはキャバクラで実際に働いて闘いたいという野望だ。わたしはキャバユニをサポートする中で、3年間キャバクラのことばかり考えていた。そのうちに、

「実際にキャバクラで働いて、同じ店で働くキャバ嬢にキャバユニのことを知ってもらって、そして一緒に闘ってもらいたい」

という〝野心〟がわたしの心の中で成長していったのだ。

誰かが、職場で即日解雇にあったり、お給料の未払いにあった、という時に、自分がいる職場で闘いたかった。

あるいはそういったトラブルが起こる前に、キャバ嬢にキャバユニに入ってもらって、自分や、そして一緒に働く人の権利を自分たちの手で守って、勝ち取れることを知ってもらいたいという欲望がめばえてきたのだ。

もう一つは実際に相談を受けていく中で、

「一度キャバ嬢になって、キャバクラ業界の〝現実〟を自分が全身全霊で知るしかない！」

と考えるようになっていったことだ。

何度聞いても分からないキャバクラの複雑なお給料のシステムを理解するためにも、キャバ嬢が抱える職場での不安や痛みをより深く知るためにも、キャバクラ業界に潜入というか飛び込むというか、あえて自分が一度キャバ嬢になってみるしかない！　と思ったのだ。

キャバ嬢が精神的な苦しみにさいなまれる、ということはたくさん聞いてきたし、実際に身動きが取れなくなるくらい弱っていく人も目の当たりにしてきた。

キャバクラで働くには年齢の問題もある。そのころわたしは28歳だった。未経験で、お客もいないわたし。キャバ嬢になる、ラストチャンスだと思った。

ここでやらなきゃ次はない。覚悟と勇気で自分を奮い立たせて、キャバクラで働くことにしたのだ。

決心はしたけれど……

決心はしたけれど、実際に面接に行くまでにはそれから半年くらいかかった。自分でも動きが鈍すぎるとあきれるけど、ホント、それくらい勇気が必要だった。わたしは電車に乗った時、男性が隣に座るだけでもイヤだ、というくらいなのに、そんなのがキャバクラで働こうとしていたんだから。

店を決める時は、ボーイだったキャバユニのメンバーからのアドバイスに従って、赤坂を選んだ。年齢の問題と、わたしのタイプを考えると、サラリーマンが多い店のほうが接客がラクだろうから、ということだった。

面接に行くにあたっては、さっき言ったみたいに、ＩＣレコーダーを用意して挑んだ。

わたしには〝野心〟があったから、最初から闘う気もたっぷりだった。

だから、わたしにあたった店もある意味ではかわいそうだけど、先方も結局想像以上の悪質店だったから、結果オーライというか、それで〝よかった〟のかもしれない。

その店の求人広告は募集時給を、

「時給4000円から」

と、ドヤア！ って感じで書いてたけど、ボーイと面接したら、初めてだから当然といえば当然なんだけど、わたしについているお客がまったくいないからということで、2500円で働くことになった。

キャバユニのメンバーにそのことを話したら、

「最初は、もう少し時給の交渉をするものだよ」

と言われて、

「もっとわたしもしっかり交渉をしときゃよかったなぁ……」

と後悔したけど、とにかく、未経験でついているお客もゼロ、そして20代後半という、ショボいわたしだ。だから、働ければそれでいいや、ということにした。

ドレスなんかもちろん1枚も持ってなかったから、新宿アルタに行って3900円のセールのドレスを買って、あとは友達にもらったヒールのあるパンプスとかをなんとかそろえて、店で働き始めた。

わたしは、キャバユニのメンバーにお古のドレスやパンプス、ポーチなどを一通りもらえたので助かったけど、最初キャバ嬢になる時、そういった品物を全部自前でそろえるとなったら、やっぱり結構な出費がある。たとえば安くすませるとしても5000円のドレスを3着買って、8000円の靴を買う。ポーチが3000円でハンカチが1000円、アクセサリーとメイク用品をそろえたらトータルで4～5万はかかる。長く働いたら、靴もドレスももっと買いそろえていく必要が出てくるし、数万もするドレスだってざらにある。ヒール高12センチ、キラキラなシースルーのサンダルなんて普段はかないから、それだって仕事用にわざわざ買わなきゃいけない。

その他にもアクセサリーや小物をそろえなきゃ、というのを考えると、働き始めても、それらの出費をカバーするため、何日かはただ働きをするようなものだ。

1時間はただ働き！

時給の話に戻るけど、求人広告の数字よりずいぶん下回るといっても、2500円というのは、それなりにお金になりそうな気がする額だ。

時給が決まった当初、わたしは、小学校しかまともに出ていない自分がこんなに稼げる仕事なんて普通ないよな……と正直なところ思った。けど、実際はたいして稼げなかった。

わたしの店の場合、お給料のシステムは、まず当然のこととしてその全体から10％を引いて、それにヘアメイク代1600円、送り代1000円、厚生費400円が毎回出勤するごとに引かれていく形だった。

しかも、働く時間の40分前に出勤してタイムカードを押さないと遅刻の罰金を取られ、しかもその時間分は無給だ。無給分の40分はヘアメイクの時間だ。タイムカードを店で押してから、店が指定する美容院に行って髪をセットして着替えとかをする。出勤前には家でバッチリとキャバ嬢メイクもしていかなきゃいけないし、1秒遅れても罰金だ。だから早めに家を出なきゃいけない。それやこれやで、少なく見ても1時間くらいは働く準備を無給でしなきゃいけない。

キャバクラでは労働時間が短ければ短いほど時給が安くなるようになっている。だから、わたしの場合は額面こそ2500円の時給だけど、4時間で返されてしまうと、無給の拘束や準備の時間を入れたら時給は1200円になってしまう。

けど、こっちが長く働きたいといくら思ったところで、お客が入らないと店が判断したら、店はガンガン早上げをしてくる。

「あかりさん（わたしの源氏名）、上がりでお願いします！」

の一声がかかるまでに何時まで働けるか全然分からない。

たとえば9時に仕事に入ったとして、それで12時くらいに上げられてしまうと、結局、時給は1000円以下になってしまうから、深夜にコンビニやファミレスで働くよりもお給料が安くなってしまう。

働く時間と時給は当日に決まる

しかも働き始める時間も不規則だ。働く日にはつけ回し（店でキャバ嬢を席に誘導する係）から連絡が来るんだけど、たとえば8時から働けるよう準備をしても、メール1本で、

「今日は10時からお願いします！」

と言われると、キャバメイクでキメたまま、突然2時間の待ちぼうけを食わされる。

働き始める時間も働き終える時間も店次第で当日になるまで分からなくて、そうなると今日の実際の時給がいくらになるかも、その日が終わってみないと分からない。

お客が多ければ多いで大変だ。

お客が多い日は店は朝の5時まで営業することもあるし、そうしたら8時間以上休憩な

く働くわけだけど、もちろん残業手当なんか出るわけもないし、その間接客して飲み続けているので、もうフラフラだ。

そして、お客たちが飛ばし続けたツバも8時間分くっついてくる。

8時間働いたら、お給料は2500円×8時間で2万になる。そこから10％、2000円がまず引かれる。ヘアメイクとかその他の決まった天引きが3100円。合計5100円が引かれて、日給は14900円になる。

実際は軽く9時間以上の労働だ。仮に9時間だとして、時給は約1655円になるのがやっとというところだ。

女性が時給1650円を稼ぐことができる8時間超えの労働なんて、そうそうないのも事実だけど、夜の仕事だしアルコール漬けになるし……で次の日はとても使い物にならない状態になる。

わたしのアルコール耐性は、

「鉄の肝臓だね……」

と言われる部類だけど、さすがに8時間飲み続けたら、胃も荒れるし声も枯れてしまう。

しかも、そういう時に限って、仕事が上がっても朝9時から労働委員会に行かなきゃいけないとかの予定があったり、その上朝の8時には出勤前のお客が電話をかけてくる。

それやこれやをトータルで考えると、有給も退職金も失業保険も労災もないのに、時給1000円台で働く、というのはやっぱり、とっても割に合わない。

けど、ここで疑問が湧いてくる人もいるだろう。キャバ嬢は、コンビニのバイトとは違って、バック（インセンティブ）があるんじゃないの？　と。

バックは店によってさまざまな形があるけど、わたしが働いていた店の話をすると、ドリンクを5杯飲んで500円、場内指名で500円がもらえるという話だった。ハッキリ言って、このバックは安い。しかも、店側はバックの部分は計算すらせず、支払わなかったのだ。同伴しても指名を取っても、1円のバックも支払われない。

その後、若干わたしの時給はアップした。けれども、最後まで、稼げる、という実感はないままだった。

それでも、今までキャバクラ以下の低賃金労働しかやったことがない自分にとっては、

「もらえるだけマシだ！」

とも思っていた。

未払いの話はキャバユニで何百件と聞いている。払われるうちはまだまだいい、とも思っていた。

水面下で少しずつ、スキを見てキャバユニの話を同僚のキャバ嬢にしながら、働き続けていた。

ていた。

そりゃアル中にもなるって

最初から、わたしは何か問題があったらキャバユニで事件化するつもりだったから、店ではお酒はなるべく飲まないようにつとめていた。

グレープフルーツハイやウーロンハイを飲んでいるふりをしながら、実際はジュースやウーロン茶を飲むようにした。

キャバの求人広告を見ると、

「お酒が飲めなくてもＯＫ！」

とよく書いてあるけど、あれは半分ホントだけど、半分ウソだ。

ウーロンハイみたいに、ごまかしがきく割りものならなんとかなるけど、シャンパンやワインが空いたり、お客が開けたボトルがあったら、それを飲まないわけにはいかない。ヘルプで席についたら、お客のボトルを開けるのを手伝わなきゃいけない。

中には、キャバ嬢の飲み物にアルコールが入っているかを飲んで確かめて、入っていないとわざわざ焼酎を入れるようなお客だっているし、

「最初は一緒にビールで乾杯！」

と言ってくるお客もいる。ヒドいと、席に着くなり、

「ショットでテキーラを10杯持って来い！」

と言って、席に着いたキャストにじゃんけんをさせ、テキーラを一気飲みさせて酔いつぶしていくお客だっている。キャバ嬢はテキーラで次々とつぶれる。そして、酩酊して抵抗できないキャバ嬢を触りまくる。

こういうのって、ホントに許せない。

一緒に働いていたキャバ嬢のドレスの中に入れられた手が、目に焼きついて今でも忘れられない。

その時は、見てていてもたってもいられない気持ちになっていたら、わたしもその席に呼ばれた。けれど、わたしがその席についてじゃんけんをしたら、なぜか全然負けなくて、そのお客に勝ち続けたから、ガンガンにテキーラを飲ませてやった。お客はしたたかに酔っぱらって眠たげな雰囲気になって、

「そろそろ帰るか……」

と言って、36万支払っていった。それまでに、何十杯のテキーラが空いたんだろう。

店にとっては短時間でお金をどっさり使う、よいお客だ。

けど、酔いつぶされたキャバ嬢はしばらく動くこともできなかったり、トイレから出て来られなくなってしまった。お酒が強い人でも、次の日は二日酔いで苦しんでいた。こんな客が続けて来たら、マジな話、キャバ嬢はアル中になって死んでしまう。

困るのは飲まされることだけじゃない。

ストレスのせいで、自分がアルコール漬けになっていくことも問題だ。

飲まなきゃやってられない、お酒なしじゃ客の相手なんかとてもムリ、という人も多い。

わたしもだんだんそうなっていった。

席についてドリンクをすすめられると、ソフトドリンクじゃなくてホントのお酒を飲むことが多くなった。

そもそも、キャバクラに来るお客は二次会で来るパターンが多いから、すでに酔っているお客のテンションに合わせて接客するためにも、ほどよく飲むのがてっとり早く感じてくるというか、マジで酔わなきゃ仕事なんかやってられない状況になってくる。

キャバ嬢は仕事中の飲酒をコントロールするテクニックをいろいろ持っているけど、やっぱり、ホントにアル中みたいになる女性も多い。

「出勤前にまず飲まなきゃ、接客なんかできない」

と話していた女性がいたけど、わたしにもそういう日があった。

あのままキャバクラの仕事を続けていたら、わたしは間違いなく肝臓をこわしてアル中になってたな、と思う。

実際、キャバクラで働いてから酒量が増えた。もうやめた今でも、ヤバい状態だ。

「あした店を閉めます」

お給料のごまかしやら、早上げやら大量のアルコールやらと、大変なことがキャバ嬢生活でいろいろある中で、店でのキャバユニの活動についても少しずつ同僚に話をするなどしていたところで、わたしの店に大きな動きがあった。というか、店がつぶれたのだ。

わたしが働いていたキャバクラは、2011年の東日本大震災の後につぶされた。

一般的に、キャバクラのかき入れ時は年末の12月がまず一番で、年始の1月がそれに続く、と言われている。3月と4月の歓送迎会シーズンも大事な時期だ。

けど、震災のあと、自粛ムードでその歓送迎会がパタッと行われなくなって、居酒屋とかキャバクラは閑古鳥、という状態になった。電気を使わないよう、ネオンを消して営業している店もあった。

それ以前から景気はよくなかったけど、震災でとどめをさされた。キャバユニでも、

「震災解雇って話が出てくるんじゃないか?」

と言われてたけど、当のわたしが真っ先にそうなってしまったのだ。あしたで店を閉めるから、と、みんな働くことができなくなった。

店の閉め方も、キャバ嬢たちのやめさせ方もかなりいい加減で、

「あした店を閉めます、給料は払いますが、いつ、誰がどう払うかはまだ決まってません」

とボーイが伝えるといった具合だった。

もっとも、こっちもその適当さは先刻承知だったから、

「わっ、来たぞ!」

ぐらいに思って、そのこと自体には驚かなかった。ずっとお給料をごまかされたり、バックも払われなかったりしたから、そういう扱いには慣れっこになっていたから。むしろ、

「ついにキャバユニの出番が来るのか……」

と、ある意味感慨深い、というくらいだった。

けど、店で働くのにも慣れて、やっと指名客もつき、ちょっとだけど時給も上がって、がんばって働いていこう、という気持ちも湧いていた矢先でもある。突然の解雇は、やっぱりキツい。

けど、もうあしたからはひとまず客の相手をしなくてもいいという解放感も大きい。

キャバユニの活動とキャバ嬢の仕事を両立させることに、わたしはかなり疲れていた。深夜に働いてから、昼は団体交渉や書面の作成をして、という生活を数か月続けていたけど、これはそろそろ限界かな、と思っていたのだ。

「あした店を閉めます」

の一言が、頭の中でリフレインされて、いろんな感情や考えがぐるぐると頭をめぐる。けど、これはやるべきことの始まりだ。

これからまさに、キャバクラを舞台にした自分の闘いが始まるんだ。

ミッション・情報収集

闘争モードになったわたしは、まず情報を集めた。

わたしが働いていた店には系列店があるとか、いろいろ経営の実態を教えてくれたのはユキさん（仮名）という年上の同僚キャバ嬢だった。

ユキさんは長年ずっとこのキャバクラの系列店で働いていて、

「ここの系列はいくらがんばって働いても時給はあまり上がらないし、あんまり稼げないからゆるくやりなよ」

とアドバイスしてくれていた。彼女は渋谷の系列店で、夜8時から、朝10時とか11時まで通しでしょっちゅう働かされていたそうだ。そして、やっぱりわたしと同じように、時給分が働いた時間通りに満額払われたことはなかったみたいだった。それでもこの系列は、

「ノルマ罰金がないからまだ働きやすいし、客層もいいほうだから」

ということだった。

わたし以外の女性のほとんどは、キャバ嬢歴も長くて、他地域のことも知っていた。彼女たちは名古屋や大阪、福島や仙台、青森といったところから東京に一人で来ていた。わたしは最初に働いたのがこの店だから、客層がいい、と言われても全然ピンと来なかったし、十分すぎるぐらいにわたしにとっては悪かったけど、一緒に働くキャバ嬢たちは、

「ここは客層がいいよね」

と言っていた。赤坂は仕事帰りのサラリーマンや、霞ヶ関あたりからやってくるといった層とか、赤坂や青山に住んでいる層が多いから、まだ上品なんだという。

過去に渋谷や歌舞伎町で働いていた同僚の話では、

「(キャバクラ経営者や従業員といった)同業の客が一番めんどうだし、激しく触ってくる」

ということだった。そして、どう見てもヤクザといった風体のお客も多いそうだ。

待機時間中にはあんまり込み入った話はできないから、ヘアメイクをしている時間や仕事終わりに店の外の階段で着替える時や、送りのクルマの中なんかで話をするようにした。仲良くなってきてからは、キャバユニの名刺をこっそり渡して組合の話をした。同僚の中にはキャバユニのことを知っていて、ブログを読んでいてくれる人もいた。解雇される前に、半分以上の従業員に組合の名刺を渡した。店にバレないか、イヤがられないか不安だったけれど、みんな興味を持って話を聞いてくれた。まあ、今から考えると、みんな話を聞くプロだから反応がよかったのかもしれないけど。

ともあれ、そういったコミュニケーションを取っていって、ユキさんに店の情報をいろいろ教えてもらうようになっていった。系列店のある場所や、

「普段いるボーイは下っ端で、経営者は3人。ナンバー3はここの実質的な店長(この店には役職としての店長は置かれていなかった)。あともう2人、ナンバー1、2として経営を牛耳っている男がいるけど、店には出てこない」

といったことなんかだ。

けど、このうちナンバー1だという男には一度も会ったことも、名前も聞いたこともなかったけど、ナンバー2だという男はたまに店に友人を連れて飲みに来たり、わたしたちを食事に連れていってくれたことがあった。

キャバ嬢にとって、自分が働いている店の経営者が誰なのか知らない、というのはよくあることだ。店に貼られている営業許可証に書かれた責任者は20代のボーイだった。けど、実際は彼がこの系列の中で一番の新入り、下っ端らしかった。そういうことはキャバクラ業界だとありふれていて、キャバユニの交渉だと、同じようなことがよくある。ホントの経営者は隠れていて、まだ入ったばかりのボーイが風営法（風俗営業等の規制及び業務の適正化等に関する法律）上の店舗責任者にさせられている、というわけだ。

この店もそうなんだ、とは思っていたけど、経営のトップがホントに全然現れないというのには改めてビックリした。情報収集をしても、どんな人間か全然分からないんだから。いっぽうで、ナンバー2の経営者はさっき言ったように店にちょくちょく飲みに来ていたから、いろいろ情報を集めることができた。彼はなんとかいうブランドの20万もするセーターを着ている、と自慢げに話したり、高校時代の同級生を店に連れてきて、

「あかりさん、あとでヤラせてあげなよ」

とかのたまいながら自分の話をしていたから、どんな人物か、その輪郭は見えていた。

情報の入手は、交渉・争議化した時にホントに役立った。実際、キャバユニへの相談者にもよく話すのは、細かい情報が思わないところから事件解決の手がかりになることがあるということだ。

情報収集が、未払いや解雇などのトラブルを解決する糸口になるのだ。

ついに事件化も初動でミス

解雇を言い渡されたわたしは迷った。すぐキャバユニの加入通知を送るかどうか、でだ。実質的な店長として経営のナンバー3の位置にいるという男は、

「次の給料日には給料を必ず払う」

と言う。その時は、それを待ってから加入通知をしても遅くない、とわたしは判断した。他のキャバ嬢たちとも相談して、ひとまずみんなで支払いを待つことになった。

けれど、これは判断ミスだった。

同僚のキャバ嬢たちがキャバユニに一番興味を示したのは、当たり前だけど解雇直後だ。今思えば、この時こそ彼女たちに一気にキャバユニに加入してもらって、一緒に闘うチャンスだったけど、みすみすそれを逃してしまったのだ。

なぜかというと、お給料がその後一部だけ支払われたからだ。

閉店1か月後の給料日前にわたしたちは店に呼び出され、最後の月の分のお給料が手渡された。お給料の支払いという当たり前のことに、こんなに驚くのか、という感じだけど、

ホントにビックリした。バック分は一切払われなかったけど、時給分は支払われたからだ。こうなると、解雇と一部の未払い分の支払いを求めて店と交渉することになるんだけど、その時にはみんなもう新しい店を探して働き始めたばかり、というところだった。

「お給料はごまかされてるけど、キャバユニに入って事件化するのはやめとくよ」と同僚に言われた。結局、わたし一人だけが、キャバユニへの加入通知をして店と闘っていくことになったのである。

けれど、みんなわたしを応援してくれた。元同僚たちは情報をどんどん教えてくれた。応援してくれたキャバユニのメンバーには、ここの系列店で働いているメンバーもいるし、いろんなサポートのおかげで、なんとか事件当該としての一歩を踏み出す決心をした。

具体的な要求内容は、支払われていなかったバックと深夜割増、タイムカードを切ってからの毎日40分の拘束、日に15分程度の残業とかの未払い分の支払い、不当な天引きの返還、解雇予告手当に遅延損害金（お給料などの支払いが遅れたことに対し支払われるお金）だ。

交渉は不発、ついに争議へ！

事件にキャバユニとして取り組むことを決めてから、改めて情報収集を始めた。

そもそも、おおもとになる店の事務所がどこにあるのかが分からなかったし、さっきも言ったけど、経営者ナンバー1の情報がほとんどなかったからだ。

働いた最後の日になんとか彼の名前だけはボーイから聞き出せたけど、それ以外は分からない。情報収集のやり方は経営者にバレると困るから書かないけど、それを終え、書面の作成を行った。

「労働組合加入通知　兼　団体交渉申入書」

だ。これをまだ営業している系列店に送り、ナンバー2の経営者に電話で書面の説明をした。いろいろとあったけど、意外にもナンバー2は団体交渉を開催することを約束した。

第1回目の団体交渉では、その場で、次回の団体交渉の時に、「バック分の計算書」と経営側の「紛争解決方針」を組合に提示することを向こうは約束した。

ここまではよかった。けれど、問題がややこしくなったのはこの後だ。

なんと、約束した第2回目の団体交渉を、ナンバー2はすっぽかしたのだ。一切連絡なしで。その後も、こちらになんの連絡もしてこない。電話をかけても全然出なくなった。

けど、向こうがそう来るなら、キャバユニとしては次のステージに突入していくのみ。

団体交渉に応じなきゃ争議だ、と。けれど、ナンバー3は電話で、

「団体交渉には応じない」

と言い放った。ならば、争議化決定だ。ナンバー3が働いている、同じ赤坂の系列店でわたしは争議を始めることになった。

こうやって経緯を書くと、読んでいる方は短期間のできごとのように感じるかもしれない。けど、争議を開始したのは解雇から4か月後のことだ。

「失礼しまーす、キャバクラユニオンでーす」

「もうすぐ着きますー」

目的の店にいるキャバユニのメンバーにメールを送る。行動は事前に打ち合わせ済みだ。すぐに返信が来た。店内に客とキャストがどれくらいいるのか、情報を提供してくれる。

争議。わたしと仲間たちは、赤坂のビルの2階にあった系列店に乗り込んでいたのだ。その店の状況は、彼女から事前にだいたい聞いていたし、わたしもその系列店で働いたことがあったから、想像できなくはないけれど、最新の情報はとってもありがたいものだ。

店側も、もしかしたらわたしたちがそろそろ来るんじゃないか、と思ってただろう。

「失礼しまーす、キャバクラユニオンでーす」

わたしはドアを開け、キャバユニのメンバーたちと店内に突入した。

フロントにはナンバー3がいた。わたしと一緒に働いていたボーイも店内にいた。こっそり、店内にいるメンバーにアイコンタクトをした。

打ち合わせ通り、彼女は表情一つ変えず待機を続けていた。

わたしたちの目的はナンバー3。フロントにいたところにカメラを向け、取り囲んだ。

「交渉にちゃんと応じて、解決のために話し合ってください！」

「未払いのお給料をちゃんと払ってくれませんか？」

矢継ぎ早に問いかけること十数分。

直接出向いた効果はあって、次の団体交渉の日程が決まり、とりあえずホッとした。

けど、これから争議が年を越え激化して続く、なんてことはこの時想像していなかった。

雲隠れのナンバー1

この争議の結果、改めて団体交渉を行うことにはなった。けれど、次の交渉でもナンバー1は出て来なくって、相手はナンバー3だった。だけどそれじゃ不十分だ。だから、

「この事件を解決する責任はナンバー1、2、3の3人が負うこと」

「今後の連絡はナンバー1がすること」

といった要求をして、そうしてナンバー1の連絡先を手に入れたのだ。

これでやっと一番の責任者とつながりが持てる……と思いきや、ナンバー1どころかナンバー3まで電話に出なくなった。そこでもう一度争議をしたら、次回の団体交渉を提案する内容のファックスが来た。けれど、彼らは自分で提案した約束の日時をすっぽかした。

そうならば、こうだ。

わたしたちは改めて系列店に争議をして、ナンバー3の自宅を突き止めたのだ。

すると、対抗してか経営陣は赤坂の系列店をつぶした。

争議はエスカレートしているけど、らちがあかない。こうなれば自宅に行くしかない！

わたしたちは、トラメ（トランジスタメガホン、小型の拡声器）を持ってナンバー3の住むマンションに乗り込んだ。建物の前でトラメを使い、名指しで、未払いや、解雇したことや、団体交渉をまともに行わないことなどを訴えた。ちなみに、こういった形で広く自分たちの主張を伝えることを情宣活動という。この時訴えたのは、

「○○マンションのみなさん、ここの○階に住む○○さんはキャバクラで従業員のお給料を未払いにして、組合の交渉に応じずに逃げ回っています！」

といった内容だ。

あとから聞いた話だけど、この時、ナンバー3はクリーニング屋に出かけた帰り、たま

たまこの場面に出くわし、わたしたちの行動をこっそり物かげから見ていたそうだ。

ナンバー3はここで、

「もう逃げようがない、なんとか対応しなきゃいけない……」

と観念したらしい。


交渉から8か月、やっと未払い分の一部がナンバー3から分割で払われるようになった。自宅への争議で観念したナンバー3は、未払いの一部を支払う約束をして、連絡が取れなくなったナンバー2の自宅マンションを教えてくれた。

そして、ユキさんから聞いていた、ナンバー3に加えてナンバー1とナンバー2が実質上の経営者だという話を彼も認め、そして彼らが今までどんな店を経営してきたかを教えてくれた。

わたしのいた店については、この2人が儲けをほとんど取っていたから、ナンバー3はキャバ嬢への未払い分として、300万を自腹で立て替えていたという話も聞いた。彼は、

「この2人とは縁を切って、自分がトップとなってキャバクラを経営していく」

と言った。正直、

「こんな目にあっても、まだキャバクラを続けるのか……!」

と驚いたけど、

「きちんと従業員への給料を払って、ちゃんと店を経営していく」

という彼の言葉を信じるしかなかった。

ナンバー3によれば、ナンバー1と2は、ナンバー3が2人の店で働き始めた2006年8月から、2011年10月までの時期に16店舗くらいのキャバクラを経営し、他にもクリーニング屋にペットショップ、ネイルサロンまで経営していたらしい。

たいがいの店は短期間で閉めてしまって、従業員への未払いを繰り返していたという。

典型的な悪質キャバクラ経営者だろう。未払いを起こしても看板を付け替えて、

「新しい店だから（前の店のことは）関係ない！」

と言い張って、支払いを逃れようとするのだ。


「ショボいモンモンモン見せてんじゃねぇよ！」


争議の対象はナンバー2の自宅と渋谷の系列店に移った。

ここからが、ハッキリ言って闘争の本番だったかもしれない。

修羅場だったのだ。

渋谷の系列店に争議に行った。そこでは、ナンバー2の弟やわたしは見たことがないボーイが働いていたけど、彼らは、わたしたちに対していきなり、

「オレらには関係ねえんだよ！」

と、突然罵声を浴びせてきて、暴力を振るってきた。

ウイスキーが入ったハウスボトルを床に叩きつけて割り、雄たけびを上げる。店中にガラスの破片がキラキラ飛び散って、安いアルコールのにおいが充満する。

わたしに口に含んだウイスキーをプッと吹きかけ、ダウンジャケットにタバコの火を近づけてくるのもいる。

まだ色が入っていない刺青を、シャツを脱いで見せつけてくるボーイ。その腕には「日本」という二文字が入っていた。けど、これは正直なところ、怖いというよりあまりにもビミョーだったので、思わずわたしも、

「わざわざショボいモンモン見せてんじゃねぇよ！」

とブチ切れてしまった。

けど一体、この場面はなんなんだ……？　こんなに暴力的に荒れた争議は初めてだ。

ともあれ、店側が呼んでいた警察が来たからボーイの暴力はやんだけど、みんなの精神状態は大丈夫だろうか、それにわたしは気をもんでいた。

「こんな目にあって、みんなダメージを受けてないだろうか？」

わたしのことで仲間をこんな目にあわせて、申し訳ないという感情が渦巻く。

でも、みんなは何よりわたしを気づかってくれて、励ましてくれた。

「こんなことであきらめちゃダメだよ」

「自分たちは全然平気だから！」

と。事態もここまで来るとハッキリ言って、もうお金だけの問題じゃなくなってくる。暴力をチラつかされ、日々脅かされているという相談をわたしたちはたくさん聞いていたけれど、それがどんなことなのか、ホントにしっかり認識させられた。許せない。

こんな暴力に屈してたまるかよ！　怒りが強く湧いてきた。


でも、この件で、連帯する、というのがどういうものか、いかにお互い支え合い何かを変えようとしているかを実感することができたし、行動する中で感じる恐怖や不安に対するサポートについても、視野が深まったと思う。

わたしの事件が解決するまでの期間は約6年。キャバユニ史上、最長記録となった。争議の後にナンバー1が協定書を結んで、約90万の支払いを約束した。けれど、彼は分割払いで15万を払ったところで逃げ、それから彼の居場所をつかめなくなっていた。

ところが、それから数年後、キャバユニのブログに情報が提供された。提供の動機は分からないけど、また調査を始めて、ナンバー1の居場所を突き止めた。

わたしは彼に会うために九州の福岡のアパートまで行った。さらにナンバー2がいる店を突き止め、申し入れに行った。そこまでやったからか、話し合いたいとあちら側から連絡が来た。

そして、もらうべきお給料などなどの残額75万が無事支払われた。遅延損害金こそ全額じゃないけど、当初要求していた未払いのお給料は、全額取り戻せた。

わたしはよく冗談でこう言っていた。

「あきらめず、勝つまでやれば必ず勝つ！」

そりゃ当たり前だ！　と突っ込まれながら自分の争議をやっていたけど、今回の件じゃなんとか、有言実行だね、というところまで持っていけたかな、というところだ。

02

「キャバクラに昼の世界の法律は通じない」か？

キャバクラって、結局なんだ？

世の中にキャバクラという店があるのはだいたいの人が知っているだろうけど、行ったことがない人、働いたことがない人だって多いだろう。

辞書ではどう書いてあるのかを調べたら、こう書いてあった。

『『キャバレークラブ』の略称。キャバレーのセット料金を導入しているクラブ」（『カタカナ・外来語　略語辞典』自由国民社）

キャバレーとクラブを足してキャバクラ。キャバレーみたいに時間制で、クラブみたいに高級な、ということらしい。なるほど。

ただ、それだけじゃきちんとした説明にならないし、わたしも本を書く時に、キャバクラを知らない人に向けても伝えなきゃいけないということで、考えた。

でも、結局うまく説明する言葉が見つからないから、キャバクラって一体どういった店なのか、まわりのキャバ嬢やボーイの経験者に聞いてみたけど、どうも、「女の人がお客の隣についてお酒を作ったり、おしゃべりをする店」という以上のものはない。業界をよく知っているはずの人たちが、マジメにキャバクラってなんだろう、と考え込んでしまっていたのが印象的だった。

最新版には載っているようだけど、以前、広辞苑で「キャバクラ」という言葉を載せようとして結局載らなかったという話を聞いたことがある。店の定義について、辞書を作る人たちがいろいろ考えたけど結論が出なくて、それで載らなかったみたいだ。

それくらい、キャバクラというのはよく分からない存在なんだけど、キャバクラの他にも女の人が隣に座ってお酒を作る店はある。スナックやクラブ、パブなんかだ。今はだいぶ減ったけど、キャバレーなんてのもある。

お金の支払いなんかだと、たとえばスナックでは4000円くらいの定額で決まったお酒を何時間でも飲み放題、という店もあるけど、キャバクラだとそういうのはないかな、というくらいだ。ハウスボトルは飲み放題だけど、時間制でセットの料金だ。あとは指名料を払って好みのキャバ嬢を指名できる、とかか。いっぽうでクラブなんかだと、座っただけで何万、とかみたいなものもある。

スナックとキャバクラって、ホント区別がつかない。カラオケがスナックにあってキャバクラにない、なんて違いもあるというけど、それが絶対的な分け方、ということもない。

繁華街にあってそれなりの大きさなのがキャバクラ、各駅停車しか止まらないような駅の前にある雑居ビルとか、地方の街道沿いなんかの、ちょっとした飲食ビルに入っているのがスナック、とかいうイメージの違いがあるかもしれない。スナックならママ一人の店もあるか。だけど、そのあたりは結局あいまいで、六本木あたりだとキャバクラみたいな店の一種としてラウンジ、というのもあるし、最近はスナキャバなんてのもある。

結局、店を始める時に、経営者がどういうコンセプトで店を作るか、でキャバクラやらスナックやらスナキャバやらと名称が変わっていく、という感じだ。あとはスナックだと店によって風営法上の扱いが違うようだ。ガールズバーも、お客と女性のあいだにカウンターがあるとか、あとでまた言うけど、ここも風営法上の扱いが違ってくるから、キャバクラとはちょっと違うかな。キャバユニでは当然ガールズバーの事件もやっている。

とにかく、こういった商売にもいろんなものがある、ということだけは言っておきたい。

キャバ嬢は全国で120万人？

キャバ嬢って、日本の女性にとっては、もはやありふれた仕事の一つだ。

よく、

「日本全国で、キャバ嬢ってどのくらいいるんですか？」

と聞かれるけど、わたしも正確な人数なんて分からない。たぶん厚生労働省も警察も把

握していないだろう。でも、キャバユニの話をすると、
「働いていたことがある」
「キャスト（キャバ嬢のこと）でした」
と、女性から声をかけられることは多い。
水商売じゃない労働問題で、労働組合に相談に来た女性の前職がキャバクラのキャスト
だったということだってよくある。
いつだったか、貧困問題のシンポジウムでパネリストを務めた時、司会の女性も含めて、
登壇した女性全員がキャバクラやクラブで働いた経験を持っていたこともあった。
けど、一体どれほどの女性がキャバクラで働いているんだろう。
政府や省庁の統計のどこを探しても、全国にどれくらいキャバ嬢がいるのかという統計
は当たり前というか、ない。なので、推計というか、おおまかな数だけでも出してみたい。
「設備を設けて客の接待をして飲食または遊興させる営業」とされるキャバクラは、風営
法で規制されている。
だから、警察署の許可を受けなければ営業ができない。
そこで、警察庁のデータを見てみると、キャバクラが該当する「接待飲食等営業」のう
ちの1号営業は、2017年末の時点で、全国で6万3956件あった（『平成29年における

風俗環境の現状と風俗関係事犯の取締り状況等について』)。

以前は1号営業(旧1号)の分類は客とダンスをするキャバレーとかで、キャバクラやクラブにホストクラブ、料亭とかを2号営業(旧2号)とする形に分類されていたけれど、2016年6月に風営法が改められて、これらは現在の1号に統合されている。で、この数字の中でホストクラブや仲居さんがお酌をする料亭がどれくらいを占めるのかは分からない。あと、ガールズバーはこの許可の件数には含まれないことも留意してほしいけど、この数字に、さらに無届けのキャバクラがあることとかを考えて、キャバクラがだいたい全国で6万店……というのは、たぶん実態とかけ離れたものじゃないだろう。

店の数を根拠にして、キャストが全国にどれくらいいるのかを考えるには、1店舗あたりで働くキャスト数が分かればいいはずだ。

けど、在籍しているキャストの数は店の規模によってまちまちだ。それに、在籍していても週1日しか出勤しないキャストもいる。また、派遣のキャストもいる。経営状態が悪くてキャストがいつかないから、在籍が少なくて派遣がほとんどという店もある。

だから、店舗ごとのキャスト数を計算するのはすごく難しい。

たとえば平均でキャスト3人が出勤し、週6日営業している店の場合を想定してみよう。

これは店としては超小箱（規模が小さな店）だ。この場合、1週間でのべ18人のキャストが必要になるけど、全員を週6日働かせて営業している店はまずない。キャストの平均的な出勤日数は週3日ぐらいだからだ。

そうすると、平均で3人が出勤、という形にするには最低でも6人のキャストが必要だ。けれど、6人だとギリギリすぎて、実際に店を回していくのはムリだ。

出勤する曜日の問題だってある。キャストの出勤希望が、お客を呼びやすい金、土に集中すれば、当然平日の営業はできなくなってしまう。

キャストの休みが重なって、出勤者が足りなくなって営業できなくなることもある。店側は当然それを避けたいから、たとえ出勤日数が少なくても、とにかく在籍してくれるキャストを確保しようとする。さらに派遣を使う。こういったことを含めて考えると、週あたり10人弱がその店で働くことになってなきゃいけない。

結局、店を回すには平均的なキャストの出勤数の約3倍のキャストが必要だろう。

じゃあ、1日の出勤者数はどのくらいだろうか。中〜大箱だと1日の出勤が20人を超えるところもある。けど大箱の数はそもそも多くない。

1店舗あたりの1日の在籍者数は平均すれば6〜7人だ。それの3倍の人が必要だとすると、1店舗あたり約20人のキャバ嬢がいるとみたらいいのかな、というところだ。

そうすると、6万店×20人＝１２０万人が全国のキャバクラ・クラブで働くキャバ嬢の数になる。

１２０万人というとどの程度の規模だろう。

総務省の統計（『労働力調査』２０１８年1月）によれば、「不動産業・物品賃貸業」の就業者が１２５万人だそうだ。物品賃貸業とは、主としてオフィス用品や建設機械、レンタカーやその他のレンタル業のことだけど、キャバ嬢と不動産業・レンタル業で働く人の数がだいたい同じくらいだというのだ。不動産業とレンタル業の従事者って結構な人数になるんじゃないかと、なんとなく思うだろうけど、実際、それらの業種で働いている人と同じくらい、キャバ嬢が日本中にいるというわけだ。

もっとも、キャバ嬢が１２０万人いるんだ、といっても、彼女たちはそれほど長期間働くわけじゃない。厚生労働省によれば、「主として洋酒や料理などを提供し、客に遊興飲食させる事業所」が含まれる「宿泊業・飲食サービス業」に従事する女性の平均勤続年数は7・4年（『平成29年賃金構造基本統計調査』）だけど、キャバ嬢の場合はもっと短いはずだ。とりあえず平均して5年と見積もると、1年で5分の1にあたる24万人のキャストが入れかわることになる。

24万人が新しくキャバ嬢になるということは、２０１８年の女性新成人が60万人だから、最大でそのうちの4割がキャバクラで働く経験を持つ、つまり10人のうち4人が水商売で働くことになる。

女性にとって、水商売で働くことは特殊な経験じゃなくてすごくありふれたことなのだ。けど、女性全体の4割がキャバクラで働いている、という試算結果をキャバ嬢に言うと、「4割だと少ないでしょ。体験入店だけの人とか、学生が短期だけで働くのを考えるともっといるんじゃないかなぁ」

と返されることが多い。逆にキャバクラで働いたことがない女性からすると、4割は多すぎると思うみたいだ。その人のまわりの状況で、この数字への感じ方が全然違ってくる。

「わたしが通ってた高校は、みんな水商売の経験があったよ」

と言う人がいるいっぽうで、知り合いに水商売をしていた女性が一人もいないと言う人だっているということもある。

キャバユニの事務所の近くに服飾やアートを学べる学校があるけど、そこの学生はもう何人もキャバユニに入っている。学費の支払いや画材を買うといった理由で、キャバクラで働く学生が多い。彼女たちは夏休みや冬休みといった、長期休暇に働き始めることも多いようだ。アート系の学生はとにかく忙しい。課題をこなして昼は授業に出て、という生活サイクルだから、少ない時間で学費や生活費を稼がなきゃいけないということでキャバクラで働く女性は多いだろう。

学校も、学生にキャバユニのような労働組合について教えればいいのにな、と思う。

キャバ嬢の〝労働者性〟

キャバ嬢の数についてさっき話をしたけど、「キャバ嬢になる」というのが女性にとって〝当たり前〟であり〝普通〟のことだということは分かってもらえただろうか。

この〝仕事〟のことについても、話をしてみたい。

たとえばキャバ嬢とＯＬ、その〝仕事〟は本質的にそう変わらない、と言ったら、そんなのわけが分からない、と思われるんだろうか。

キャバ嬢だってＯＬと同じ、単なる労働者なんですよ、と言ったら、世間の人々はどう思うんだろう。

けれど、キャバ嬢だってただの労働者なんだ、というのはまず言っておかなきゃいけない。経営者に直接雇用されて、時間を切り売りして労働をして、その対価としてお金をもらう。まったくもって、〝普通〟の労働者だ。

でも、キャバクラでは雇用者と労働者という意識が雇う側と働く側の両方とも希薄だ、というのが現実だ。

たとえば銀座のクラブみたいな店で、クラブのママみたいな人が自分でメイクをして、それから美容院に寄るとかして、好きな日の好きな時間に店に出るというような場合は、いわゆる〝労働者性〟は低いのかもしれない。

自分が店にいない時に客が来ても、その払いのうち何%かがママに入るオーナーママならば、時間を管理される労働者とは違って、個人事業主と言っていいだろう。

けれど、キャバ嬢はオーナーママとは違う。

キャバ嬢は、求人募集に応募して採用され、時給で働いている。

彼女には店長やボーイなどの上司がいて、その指示のもとで、労働時間を管理されて働く。しかも、遅刻すると罰金を取られる、ということだって当たり前のようにある。

キャバ嬢でもバックや指名料などが中心で、ギャランティーを歩合でもらっているという場合だと、別の判断をしなきゃいけないケースもあるけど、基本的にはコンビニでアルバイトをすることと似ているというか、そういった〝一般的〟なアルバイトとそれほど変わった形じゃない。まあ、一般的なバイトなら、普通は罰金制度なんか存在しないか。

就労時間を決められて、時給と働く場所も決められて指揮命令の系統がハッキリした形で働く。この場合、キャバ嬢は完全に労働者なのだ。

問題は法律の部分だけじゃない。

法律上の「労働者性のあるなし」というより、キャバクラといった夜の世界に、昼の法律が通じる世界じゃない、といった考え方や習慣が根強くあることだって大問題だ。

それが水商売の常識だ、みたいな考えが蔓延している。

「キャバ嬢は労働者じゃなく自営業のホステスなんだ、だから権利なんか主張するな！」みたいな。

でも、繰り返すけど、当然ホステスだって経営者に雇われている以上は労働者なのだ。

崩壊する〝夜の世界〟のオキテ

キャバ嬢が労働者だ、という話に戻ろう。

時間をさいて雇用主の意思に沿って働いて、その対価としてお金をもらう。これはれっきとした労働なのに、このことをきちんと認識させるのって、なかなか難しいみたいだ。

たとえば、キャバ嬢はいわゆる〝夜の仕事〟として認識されている。

キャバクラの経営者なんかに、キャバ嬢の賃金の未払いをなんとかしましょう、といった話をすると、

「それって昼職（昼の仕事の世界）のルールで、夜のルールとは違うだろ」

という対応をおうおうにしてされてしまう。

「夜の世界は昼の世界とは違う。労働法みたいな法律で縛られない、オレたちのルールがあるんだ」

というわけだ。でも、

「本人の実力次第でのし上がれるのが夜の世界のルール。その世界の中に入り込んで生き抜ければ、そこで金も地位も手に入る」

なんていう〝神話〟だってもう崩壊してきている、というのが実感だ。

店のナンバー1とかナンバー2といった、トップクラスのキャバ嬢でも、ちょっと経営が危なくなったらすぐお給料を未払いにされてしまう。だからキャバユニにもそういった、店でトップクラスの売上を持つ人がたくさん相談に来る。

キャバ嬢がさんざん売上を作ったのに、経営者が店をたたんでどこかに消えてしまった、なんていうのはありふれたことだ。

の世界のルールが、それはそれできちんと機能しているなら、もしかするとキャバユニなんか必要なかったのかもしれない。

でも、不況のせいなのかなんなのか、理由は分からないけど、夜の世界もホントに壊れてきているのだ。

そして、この崩壊劇で損をさせられるのは、結局キャバ嬢なのだ。

不夜城のたそがれ

「キャバクラなんか、もう終わっちゃうんじゃないか？」

店の経営者たちも、よく口にする言葉だ。

この業界、２０００年代のキャバクラバブル崩壊の前までは、ずいぶん儲けていた。これまではそのころの貯金で業界はなんとか回ってきたけど、もうそれもとっくに食いつぶして、そろそろ業界自体が限界に来ている、というわけだ。

たしかに、最近はお給料の未払い分を取りに出向いても、店の中にお客がいないないケースがよくある。ガラガラの店内にお客は１組だけ……なんて、珍しくもない光景だ。

キャバユニができたのは２００９年。すでにリーマンショックのあとだから、もうキャバクラは斜陽化し始めていた。

実際、不景気でお客が入らなくなってか、お給料を払えない店がどんどん出てきた。

そこに追い討ちをかけるように、わたしたちが、

「未払いのお給料を払ってください！」

と押しかけるから、経営者たちも困っただろうなとは思う。彼らに、

「昼のルールに従わせられたら店がつぶれる」

という危機感があるのは分かる。不況の中で、店側もこれからどうなるか、判断に困っている状態なんじゃないだろうか。

もっとも、キャバクラは女子とボーイを安く使うことができれば、それなりに回っていってしまう業種でもあるけれど。


キャバユニが争議に入ったことがきっかけで、つぶれた店は20軒以上ある。けれど、正直なところ、世のため人のため、というと大げさだけど、女性たちのことを考えると、もうつぶすしかないというか、ホントはつぶしたほうがいいのにズルズルとやっている店も少なくないな、と正直思う。

経営者の中には、売上が悪いことを全部従業員のせいにして、その自尊心を傷つけて、暴力や恐怖で人格を支配して働かせようとする人間がいる。けど、そんな人間は今すぐに店の経営なんてやめるべきだ。

キャバ嬢に性的関係を迫ったり、自分の言うことを聞く人間だけをえこひいきする経営

者とか、従業員をカンタンに、手荒に使い捨てできる道具としてしか見ることができない経営者だって多くいる。

従業員のお給料を未払いにしたままの閉店を繰り返す経営者もいる。

でも、そういった経営姿勢では結局、店の運営なんかうまくいかないし、そもそもキャバクラで働く人間のためにも、ダメな経営者には引導を渡さなきゃならない。

従業員に対する支配欲ばかりがふくれ上がって、搾取することしか考えてない経営者なんてやめちまえ!!

ホント、こういった話をしていると改めて怒りが煮え繰り返ってくる。一体今までどれほどの女性が悪徳経営者に泣かされてきたんだろう。

「女性を食い物にして儲けているやつらを、絶対に許さない!」

という思いが強くなってくる。


労基もヒドい、水商売だからって……

キャバ嬢といった夜の世界の仕事については、労基（労働基準監督署）も、〝昼の法律が通じない世界〟という判断をしているみたいだ。

キャバユニのメインの活動になっているのはお給料の未払いを取り立てることだけど、けれどもそういったことって、ホントは労基がやることだ。

未払い賃金の回収は労基にとって非常に重要な仕事のはずなのに、キャバ嬢が、

「未払いのお給料を取り立ててほしい！」

と労基に行っても、門前払いを食らってしまうことがホントに多い。

「ここ（労基）では水商売の案件は扱っておりません」

というわけだ。生活保護の水際作戦と同じ扱い。ハッキリ言ってヒドい扱いをされたという人が多い。勇気を出して労基に相談に行っても、心が折れてしまうのだ。

「うちでやりたいんだけど、証拠がないと厳しいです……」

というくらいならまだマシだけど、

「いや、やらないです」

とストレートに言われてしまう。

「キャバクラに昼の世界の法律は通じない」

という話はホントなのかな、とキャバ嬢も思わされてしまうのだ。

その上、相談員は女性に差別的な言葉を投げかける。「水商売」「性風俗」「夜の商売」だから……と。言われた側の気持ちを考える想像力がないのかな、と思う。

「キャバクラなんて、最初からそういう業界だと分かってやってるんでしょ」

と言われて、実際には相談件数が多すぎるから門前払いをしているのかもしれないけれども、この種の話に、二次被害というか、傷つく人は多い。未払いや即日不当解雇をされたのに、何もできないと言われてしまう。

水商売で働いていると、お役所に行ってもやっぱりこういう扱いを受けるんだ、とショックを受けるのだ。

断られ方にはこんなのもある。たとえば神奈川県では、

「うちは田舎なのでそういうことはやっていない」

という理由で断られたケースがあったらしい。一体、神奈川県にキャバクラがどんだけあると思ってんだよ!!　と突っ込みたくなる。

「組合にも相談してきた」

と言って監督官を呼び出しても、相談員に追い払われることもある。

でも、中にはそれでも何度も労基に行く人もいる。他に行くところがないからだ。

そこで粘って粘って、店に電話だけかけてもらっても、

「出ませんでした」

と言われて終わり。何時に電話したのかと聞くと、

「5時前です」

だって。そりゃ誰もいないでしょ。キャバクラは夜の商売なんだから。労基そのものが基本的に昼間の仕事、というのは分かるけど、それじゃキャバクラの相手なんかできない。じゃあ、朝キャバや昼キャバだったらやるのか、といえば、それもやらないけど。

何年か前に、正義感が強い労働基準監督官が主人公のドラマがあった。でも、少なくともキャバ嬢にとっては、そういった話は夢のまた夢、というところかな。

労基がキャバクラの案件をやらない〝理由〟はいちおうある。それは雇用契約書がない、つまり書面がないから、ということだ。

契約時での雇用契約書の作成と交付は店側の義務なのに、店側は戦略的にというか、あえて書類を出さない。分かってて雇用契約書を渡さない店がほとんどなのだ。

そうなると労基も書面がないから指導や勧告をしづらい。給与明細は適当、労働時間も不規則で分からない……となれば、労基は水商売への対応が実質的にできない、となってしまうわけだ。

でも、そもそも店が書面を作らないこと、それ自体が問題なんだ、と労基は考えるべき

なんじゃないだろうか。

書面がありません、だからやりません、といった対応で、どれだけの人がヒドい目にあっているのか、ということを、もっと理解してほしい。

契約書をもらわないで働いているほうがおかしいと責められた女性もいた。店側の義務違反を、被害を受けた労働者の女性が責められるなんてあんまりだ。

労基のリスクと使い方

労基に行くことが、お金の回収にとってマイナスになることもある。

労基に何度も通うのも時間がかかるし、

「店に指導をするので待ってください」

ということで、3か月も4か月も待たされてしまう、なんてことがあるからだ。

でも、それだと当該もそのうち対応できなくなるし、店が飛んで（なくなって）しまうことだってある。

店からすれば、4か月前の未払い給与なんか払いたくないから、1か月目に払わなかった時に比べても、払いたくない気持ちがより強くなっていく。

賃金未払いの交渉というのは、なるべくスピーディーに行ってお金とかを取り戻さなきゃいけないのに、労基の対応の遅さが問題の解決にとってマイナスになることがあるから、こちらとしては相談を受けた場合、労基に頼ることのリスクについても説明する。

もっとも、労働組合のないような地方にいる人とかには、場合によっては労基を使うことをアドバイスすることもある。けど、その場合でも、

「やっぱりいろいろ言われるのを覚悟すること」

「(対応を避けようとする)水際作戦に負けず申告する」

『相談(その場で質問などに回答して終わる)』だと門前払いされる。『申告(法律に対する違反があることを伝え、行政機関に解決を依頼する)』にして、相談員には相談させないで労働基準監督官を出させるようにする」

とかのアドバイスはしなきゃいけないし、さっきも言ったように、

「問い合わせを昼間にしておいて、『対応できませんでした』といったことも言ってくる」

ということを伝えるのも忘れちゃいけない。

とにかく、労基に相談するなら、相談員じゃなくて、直接、労働基準監督官に話を聞かせるようにしなきゃいけない。そして必ず相談で終わらずに申告にすることが必要だ。

キャバユニに来るうちの3割くらいの人は、最初は労基に行っている。多くの人が相談に行っているのは確かなのに、労基で未払いを取り戻せたというのは、これまでに3〜4件くらいしか聞いたことがない。

それも、何度もかけ合ってようやく動いてくれた、という話だ。労基のおかげで解決するなんて、ハッキリ言ってレアケースだ。

キャバ嬢が労基に相談に行くのはとても勇気がいることだと思う。けど、この本を読むとかで、わたしたちキャバユニの活動を知ってもらうことで、偏見や差別、思い込みが減って労基の相談員の対応が変わっていってくれればうれしい。労基が水商売への理解を深めて、全国どこでもキャバクラの未払い事件を解決していく動きが始まればいいのにな、とホントに願っている。

しわ寄せはキャバ嬢のお給料に

キャバユニの活動をやっていく中で、以前と比べて変わってきたな、と思うのは、キャバユニのことを知っている経営者が増えてきたことだ。

「うわ、ホントに（キャバユニが）来るのか！」

と言われたこともあった。

彼らは、わたしたちが争議をすることを知ってるから、話し合いには応じる。けれど、

「ユニオン（彼らはキャバユニをこう呼ぶ）の要求を飲んでたら、業界が成り立たなくなる」

と言ってくるし、罰金や不当天引きのことも、

「どこでもやってることでしょ？　やらなきゃやっていけないよ」

と返してくる。

「女子給（キャバ嬢の人件費）が高すぎる」

というのがその主張だけど、実際はそんなことないでしょ、と思う。

キャバクラの経営では、「女子給」と、最底辺の立場に置かされている下っ端ボーイに支払う人件費が、最後にしわ寄せをこうむるようになっている。

経費として優先されるのは、まずは箱（店舗）代だ。たとえば客席20人とかの箱なら、毎月オーナーに100～150万を箱代として上納する、というルールが設定されている。

箱はまた貸しされていることも多いから、そうすると何もしないで儲けている人が間に3人くらい入っている。また貸しどころか、またまたまた貸しだ。

箱代が上がれば、人件費が下がる。

「箱代が150万で売上が500万だったら、やってけないでしょ?」

交渉をしていると経営者に平気な顔で言われる言葉だ。彼らからすれば、箱代のほうがキャバ嬢への人件費よりも大事なんだそうだ。

箱代が優先されるから、売上が下がるとキャバ嬢への支払いがしぶくなる。

お給料を支払いたがらない理由としては、

「箱代だけじゃなくて、求人の広告費がかかっているから」

というのも出てくる。

月30万とか50万を使って、ネットや雑誌に広告を出す。それが負担だ、と言うのだ。

箱代や広告費を優先して支払って、人件費(女子給と男子給)は最後になってしまう。

「最低時給5000円から! 罰金なし、ノルマなし、安心して働けるお店です!」

なんて、求人広告では景気のいいことを言っているのに、実際は全然違う。他の支払いのためには踏み倒してもいいと思われてるのが人件費だ。

なのに、店長クラスだと小箱でもいい時は手取りで月100万くらい稼いでた、という話も聞く。こんな小さな店で、というようなところでも月に150万もらってた、なんて話もあったから、正直驚く。大きな店なら月収300万とかだってありえただろう。

けど、今はそこまで稼げる人は少ないようだ。ただ、いるところにはいるという感じだ。

箱代に限らず、酒代やおしぼりのクリーニング代のほうが人件費より優先されているのが、キャバクラの現実だ。

象徴的なエピソードがある。とある争議をしていた時、キャッチに、

「給料欲しいならコンビニで働けよ！」

と言われたのが、ある意味おもしろくって、今でも印象に残っている。

「ちゃんとお給料が欲しいなら、キャバクラでなんか働くな」

というわけだから。

男性従業員もお給料がきちんと支払われてないことを、身に染みてよく分かっているんだな、と。未払いの横行をキャッチ自身が認めているのだ。

それくらい、キャバクラっていうのはお給料が未払いになるような業界なんだな、と改めて思わないわけにはいかない。

キャバユニの押しかけ根性

労働組合は世の中にたくさんある。労働問題を扱う弁護士もたくさんいる。

けれど、キャバクラの労働争議を扱う労働組合というのは、最近は出てきたけど、やっぱりまだまだ少ない。

労働組合がキャバ嬢の事件を扱わない理由を自分なりに考えてみた。

それは、彼らもまた9時から5時の世界で働いていて夜間は動けないから、店の営業時間中に争議ができないというのが一つ。そして、結局キャバクラの事件は労働組合にとってお金にならないから、というのに思いがいたった。

普通の会社なら、残業代の未払いという事件が仮にあったとして、その2年分を回収した、となれば何百万という額になる。同じ職場で何十人かで残業代を請求すれば数千万だし、退職金について争って数千万、という話も普通にあるだろう。

けど、キャバクラの未払いはそういったケースに比べると少額で、数万からせいぜい数十万、100万なんかいかないことがほとんどだ。キャバユニは案件の解決金でしのいでいる人はいないし、みんな金額の多少なんか気にしないけど、相談の多くがキャバクラの事件みたいなものだったら、専従（労働組合の実務を専業として行う人）にお金を出して運営している労働組合には厳しいのかもしれない。

少額、というのは弁護士にとっても腰が引ける理由になるだろう。

弁護士に相談しても、

「着手金と成功報酬を引いたら、マイナスになってしまいますね」
と相談者が言われることもある。

キャバユニは店に押しかけて争議をするスタイルだけど、一般の労働組合だと、争議自体ができないところも多い。

弁護士はダメ、労基もダメ、労働組合すらもダメで、ネットや口コミで探し回ったあげくにキャバユニに来たというケースが多い。

そして、やはりというか、労基も労働組合も男性社会だからなのか、相談をしてみてもなかなかキャバ嬢の気持ちを想像できていないような言葉を投げかけてくることも多いようだ。

でも、最近ではキャバクラの案件をやってくれる労働組合が増えてきたこともまた確かだ。東京、茨城、神奈川、岐阜に名古屋、大阪などなど。

ホントはわたしたちのような労働組合が日本中、全都道府県にないといけない、と思う。

いろいろ事件がある中で、店側に完全に労基法を守らせることが困難なのもまた現実だ。

本来ならしっかり法律を守るように要求しなきゃいけないところでも、たとえば有給とか社会保険についての要求は今のところ全てのキャバクラの経営者にはしていない。経営者に対して、わたしたちはなんでもかんでも法律通りに全部要求しているわけではない（もちろん要求していい！）。

わたしたちは、現状では最低限の約束した時給の未払い分や深夜割増、残業割増を払ってほしいということで行動している。

経営者と当事者が話し合って、合意して折り合う、ということはおうおうにしてある。経営者は、とにかく団体交渉という話し合いの場にはきちんと出てきてほしい。

ついでだけど、キャバクラのお給料のトラブルを防ぐため必要なことを伝えたい。

まずは、給与明細とか店から渡された書面や名刺を必ず保存することだ。給与明細を捨てちゃう人は多いけど、これは未払いや違法天引きの証拠になる。給与明細をもらったら、すぐにきちんとチェックしたほうがいい。勤務時間や日数が減らされていたり、バックのごまかしや妙な罰金、天引きがないかを確認して、何かあればすぐに店長に言うことだ。わたしも勤務時間の間違いを経営者に言って、不足分を払ってもらったことがある。

次に大事なのは、勤務時間数の記録だ。働いた日ごとに何時から何時まで働いたか必ず手帳とかに記録する。残業は1分単位で払わないといけないから、たとえば2時15分に上がったら、そう記録する。店のルールが時間切り捨てでも、実労働時間を記録する。

ボトルバックやドリンク、同伴や場内指名も記録しよう。ボトルの値段やお客の使った額も記録する。何時に何卓で誰について何を注文したか、記録している人もいる。

上がり時間の記録は、上がった直後に自分の携帯へメールを送るようにすればラクだ。

日払いはなるべくもらっておいたほうがいい。いつ未払いが出るか分からないのがキャバクラ業界だ。貰える時に払ってもらっておく。

お給料の遅配とかがあれば、いつ、いくら払うのかを経営者からLINEやメールで送ってもらって証拠を残すことも大事だ。何が証拠になるか分からないから、働いた日のうちにできる限りのことを記録する。系列店や経営者の情報も聞いたら、記録しよう。

ロレックスにクロムハーツ

キャバクラのオーナーと呼ばれる人で、やっぱりいかにも金持ちという人は一定数いる。文字通りの豪邸に住んでいる人もいるし、交渉に出てくる時に、ダイヤ入りのロレックスの時計を腕にはめて、高級車に乗ってやってくる人もいる。彼らにとっては普通なんだろうけど。それでいて、お金がないとか平気で言う。

交渉をしていて、そういったことを言われた時に、

「その腕時計って、いくらなんですか？」

と聞くと、

「50万くらい」

と、しれっと答えて、その上、

「50万くらいにしか（！）ならない」

と言ったりする。

「お給料払ってないんだから、その時計を売って今すぐ払えよ！」

と、内心腹が立つ。時計を売ればキャバ嬢の2か月分のお給料を払えると思うと、また腹が立つ。

お金がないと言いながら、エルメスのバッグをぶら下げているのも、感情を増幅させる。

キャバ嬢といえば、ブランド物を身に着けているというイメージで語られることが多いけど、わたしから見たら経営者のほうがよっぽどブランド物を身に着けている。

彼らにとって、なぜかシャネルのサングラスとヴィトンのカバンは定番だ。そしてクロムハーツジャラジャラ系。スーツも量販店で売ってるようなやつとは全然違うものを着ている。クルマもフェラーリだったり、ベンツだったり。

「そのクルマを売れば、従業員全員分のお給料が払えるでしょうに！」

と心の底から思う。

従業員のお給料を未払いにして、自分だけガッチリお金を手に入れている。

搾取なんて言葉も考え方も頭にないまま、お給料を踏み倒している。

でも、そういう経営者は、想像力をもう少し持って、自分のエゴが人の生活を破壊しているという自覚ぐらいは持ってほしい。

未払いや解雇のせいで、もう生きていけないと思い詰めてしまう人だっている。ゴツい時計の重みじゃなくて、従業員の生活の重みを感じてほしい。

めちゃくちゃ！　弁護士の主張

キャバクラの事件の交渉をしていると、相手側が弁護士を立ててくることがある。

向こうは「時給の変動」（売上に応じ当月の時給を変動させる、そもそも違法）を持ち出して、

「キャバ嬢は普通の労働者とは違う」

「キャバ嬢は個人事業主だから、労働法は適用されない」

といった主張をしてくる。

けど、これはハッキリ言ってメチャクチャだ。何度でも言うけど、キャバ嬢は労働者だ。

たぶん、相手側の弁護士だって、キャバ嬢に労働者性があることは分かってると思う。でも、立場の問題（彼らも選任＝契約されている）があるからか、それを認めようとしない。

実際、ヒドい弁護士はホントにとんでもないことを言ってくる。ギョッとする。

「働いている人はね、経営者の言いなりになるしかないんですよ。それができないなら他の店を探すしかないですねえ」

なんてことを真顔で言ってきた弁護士もいた。

それでも、団体交渉の時に、キャバ嬢は個人事業主だと言っていた弁護士が途中から、

「いやあ、わたしもホントは従業員だと思ってますよ……」

と言ってきて、結局お給料の深夜割増分を払うようにした、というケースもあった。

やはり弁護士もキャバ嬢が労働者だと思っていたのだ。

弁護士は法律の専門家だ。

だからといって、その主張が全部正しいわけではない。

弁護士も、クライアント（顧客）の要望にもとづいて動くわけだから、必ずしも正論でなくとも、ごり押しをしてくることはしょっちゅうある。

弁護士が出てきたからって、けっしてひるむ必要なんかない。

銀座という〝村〟のルール

夜のルールの話の話をまたしよう。経営者は、

「銀座のルール、歌舞伎町のルールと、地域によっても違うんだ」

みたいなことを言ってくる。

もっとも、やってることの内容は彼らが言うほどは変わらない。けど銀座はやはり他の地域と比べ独特なところがある。停まっているクルマも違うし、着物姿の女性が多い。街の空気も1丁目から8丁目まで丁目ごとに違うと言われたり、「銀座村」と呼ばれたりする。

お給料の話でも、銀座は他の地域と違って日給制の店が多い。お客をたくさん持っていれば日給が5万5千円、なんて店もある。日給3万台は割と耳にする世界だ。

けれども、銀座は店ごとにいろんなルールやノルマが設定されているのもまた事実だ。たとえば、月一回ドレス新調デーがあったり週一回で着物デーがある、とかだ。

そういう店は日給は高いけど、いっぽうで出ていくお金もすごく多い。他の地域だと、銀座みたいに着物で仕事、というのも新年くらいで、普段はほとんどない。

銀座ではドレスもキャバ嬢用のじゃなくて、10万以上するブランド物のワンピースとか

を着てくるように言われたり、買わされたりすることもあって出費が多い。着物はレンタルでも1日1万は飛ぶし、着付け代もかかるから費用の負担は大きい。ママのお古のワンピースをむりやり買わせられて、その代金をお給料から天引きするような店もあった。

そして恐ろしいのは同伴ノルマだ。一番お客を呼びにくい火曜日に、同伴しないと一回3万の罰金を取られてしまう、とかがある。

この場合、他の曜日にいくら同伴しても、店が決めた火曜日に同伴できなきゃ罰金だ。

先に言った、フェラーリに乗った経営者も銀座の経営者だった。

一体あのフェラーリに、いくらの罰金が使われていたのだろうか。今でも考えてしまう。

キャバクラ・男女が進む道

キャバクラの店長をやった人でも、下からだんだん上がっていった人なら分かると思うけど、下っ端のボーイなんかホントに大変だ。

時給1000円とか1200円ぐらいで、長時間の労働をさせられる。残業代も深夜割増もつかないし、女性と同じように月給からまず10％が引かれてしまう。

実際、日に14時間の労働で月25日働いてお給料が20万という話があった。この場合だと、店は夜8時から朝5時までの営業で、ボーイは6時には出て掃除や準備をし、閉店後も朝の8時ごろまで後片づけや1日のお金の管理をするといった流れだった。お給料は、「おまえは最初月20万でいいよな」とどんぶり勘定で決められたそうだ。月350時間の労働でお給料が20万だと、時給換算だと571円強になる。最低賃金以下だ。しかも実際には1円も払われなかった。

そうでなくてもお給料なんかろくに出ない店が多いから、店泊（店に寝泊まりすること）することもある。寮に入らされて、お給料から高い寮費を天引きされることもある。アパートの一室を共同で使って、一人あたり8万取られていたというケースもあった。

女性ももちろんだけど、男性も下積みのうちは搾取の対象になっている。

もっとも、そうやって苦労しても、男性の場合なら店で一定の立場を確保できれば、女性とは進む道がかなり変わってくる。

だいたいの傾向として、男性は下積みを経験したあとには、女性を搾取する側に回っていく。もちろん低賃金や暴力に耐えられずやめる男性従業員もたくさんいるけれど。

いっぽうで、女性がキャバ嬢を上がってキャバクラの経営者になるかというと、実際にはそういったケースはほとんどない。せいぜい、雇われママやチーママになる、というところだ。銀座での事件で、クラブの経営者が女性というケースがあったけど、キャバクラで実質的な経営者が女性だという例はホントに少ない。

労働、危険!!

キャバクラって、継続して働くのが大変な業界だな、というのが実感だ。

途中で身体や精神がまいってしまうことがホントに多い。昼職とのダブルワークを続けて過労状態になっても、仕事上お酒を飲まないわけにはいかないし、接客ではいつもテンションを保ち続けなきゃいけない。

女性やボーイは、時間的にも金銭的にもあらゆる面で不安定だ。

それでもこの業界に新しく入ってくる人はたくさんいるから、経営者が人を使い捨てることが当たり前のことになっている。そんな業界だ。

キャバ嬢の前職を見ると、介護や保育士やアパレル、美容師出身の人が多い。こういった仕事が長時間労働と低賃金の世界であることは世間にも知られているし、そうでなくても女性が一人で働いて食べるお給料を稼げる場所ってホントに少ない。フルタイムで働いて月に10万台しか稼げないという仕事ばっかりだ。しかも、その金額が上がってゆく見通しなんかまったく立たない。

けれど、それだと自分一人が暮らすのがギリギリで、親や兄弟へ仕送りするとか、めんどうを見るとかはできないし、自分の学費を出す余裕もないし、奨学金をもらっていた人ならとても返済なんかできない、となる。

女性が深夜働くのは結構難しい。コンビニとかカラオケボックスでも深夜は男性のほうが多い。ビルの警備とかもだ。夜間の仕事で女性が簡単に入れるのは水商売とか居酒屋ぐらい。となると、キャバクラで働くことを選ばざるを得ない人が出るのは必然だ。

女性が月に20万稼ぐのって、ホントに大変なんだな、と実感させられる。

かけ持ちはメチャクチャハードだ。普通は体力がある若い人じゃないとなかなかできない。それでも、30代後半の人が週6で昼夜働いている、なんてケースもある。夜にキャバクラで働いて、それから朝キャバへ働きに行って、その後学校に行くという、一体いつ寝ているんだろうと、心配になる女性もいる。

ダブルワークとはいっても、キャバクラなら未払いがなければ20代の女性で月に20〜30万を稼いでたら、総合職の正社員とかと比較しても、けっして悪くないお給料だ。けど、仕事で要求されることがらや、心身へのダメージとかをトータルで考えると、やっぱりキャバクラの稼ぎはよくない。

月収1000万超、というキャバ嬢もいるはいるけど、そういうのはホントに一握りだ。

キャバユニにも月1000万以上を稼いでた人がいるけど、彼女の話を聞くと、ほぼ24時間、キャバ嬢としての労働に時間を使って、睡眠なんかほとんど取れずにいたという。毎日のように同伴して、体重の管理をシビアにやって、休みの日だろうが早朝だろうがお客からの連絡に応えて、営業メールや営業電話をしまくる生活。

それをずっと続けていくのは、いくらなんでも大変だ。

ある店では、出勤してから仕事前に店で体重を量らせる。そして決められた体重より増えると仕事をさせないという。それも身長から考えても、ものすごく軽い体重を維持しないといけない。そこまで厳しく管理する店だってある。

あとは、加齢の問題だ。キャバクラは、長く通ってくれるお客をつかまないと、年齢を重ねるほどに労働条件が悪くなっていくことがほとんどだ。先には非常に厳しい状況が待っていることは、みんな理解しないわけにはいかない。

キャバクラは一見華やかな世界だけど、業界で生き残るのはホントにシビアなのだ。

03

自己責任と給与明細の暗黒

キャバ嬢の時給のしくみ

ここで、キャバクラの時給について改めて説明しておきたい。

キャバ嬢の時給は、基本的には2000円台から4000円くらい、という感覚だ。

もちろん、それより安い人も高い人もいるから、平均的な時給を出す、というのもなかなか難しいけど、相談を聞いていくとそれくらいが多い。

2000〜4000円というのは、額面だけ見たらかなり高めの時給に見える。けれど重要なのは、そこからどんな名目でどれだけお金が引かれるのか、という問題だ。

まずは、一般的な例を設定して見てみよう。時給は3000円で、9時から深夜1時まで働いて4時間で1万2000円になる。けれどもそこから、10%マイナスで1200円、ヘアメイク代1000円、送り代1000円、その他厚生費とかで1000円と、計4200円が引かれるので、実際に支払われるのは7800円だ。しかも、なきゃいけないはずの時給の深夜割増も出さない店が多いから、時給が上がらないのに引かれるものだけ引かれてしまう。この時点で、時給換算で1950円だ。

その上、家でメイクをして、それから仕事の30〜40分前には店に入ってヘアメイクや着替えを、という仕事前の準備も1時間程度あるし、仕事の後も、帰りの送りを待ちながら、お客が来ればまた席につく待機時間とか、店によってはキッチンに無給で入るといった時間も1時間はある。4時間といっても、無給の拘束時間込みで計算すると、バックがなきゃ時給は1300円程度で、バックがあっても時間あたり100〜200円しか増えない。

でもこれはまだいい方で、店によってはお給料から差し引く項目がもっと多い場合もある。「税金20％」とか「30％」とか、わけの分からないお金が引かれることも増えてきている。で、税金を引いているのにキャバ嬢に源泉徴収票を出す店なんか1割以下で、請求したってまず出さないし、だから確定申告をして税金を還付してもらう、なんてのもムリだ。ホント、これってどこのなんの税金ですか？　とツッコミを入れずにはいられない。さらにはお給料からおしぼり代とか店の備品代を引くような店もある。

時給が4000円とか5000円になっても、同じような比率でいろいろ差し引かれるし、このくらいの時給になるとノルマ罰金だってある。このノルマ罰金がヒドい。入店時にはノルマはない、と言っていたのに、ある日突然ノルマ罰金を始める店もある。ノルマ罰金とは、同伴や指名を店が指定した日に取らないと数万引かれる、というものだ。または1日の売上が決まった額に届かないと日給分がまるまる引かれる、というのもある。キャバクラの求人広告にはよく「ノルマなし！」と書かれているけど、裏返せばそれほどノルマ罰金とか、ノルマ未達成を理由にした時給の引き下げが当たり前、というわけ。

そして仕事をやめる月の分のお給料は、まったく支払われないのが業界のデフォルトだ。

お給料の額面は高くても、キャバクラで働く女性は、

「実際には手取りで20万、30万もらうのは相当大変」

という話をよくしている。

時給1800円、なんて店だと、実質賃金が最低賃金以下、となることだってある。

スナックや、キャバクラとスナックのシステムが合わさったスナキャバなんかは、時給1000円台のところも多い。もっとも、スナックではキャバクラほどは天引きが多くはない。時給1000円台でキャバクラみたいに天引きしてたらお給料がなくなってしまう。

そのいっぽうで、最低時給8000円なんて店もあるけど、そういった店だと、平気でお給料を最初の月から未払いにする、ということがよくあるから、店がうたっている時給の額面にどんな意味があるのか、もはや分からない。

ヤバくて意味不明な「給率制」

キャバ嬢のお給料は、前にも言ったように、契約した時給と就労時間、さらにドリンク

や指名、同伴とかにつくバックの合計で決まる。

指名が1回つくと1000円、同伴で3000円とか、時給×就労時間にバックの金額

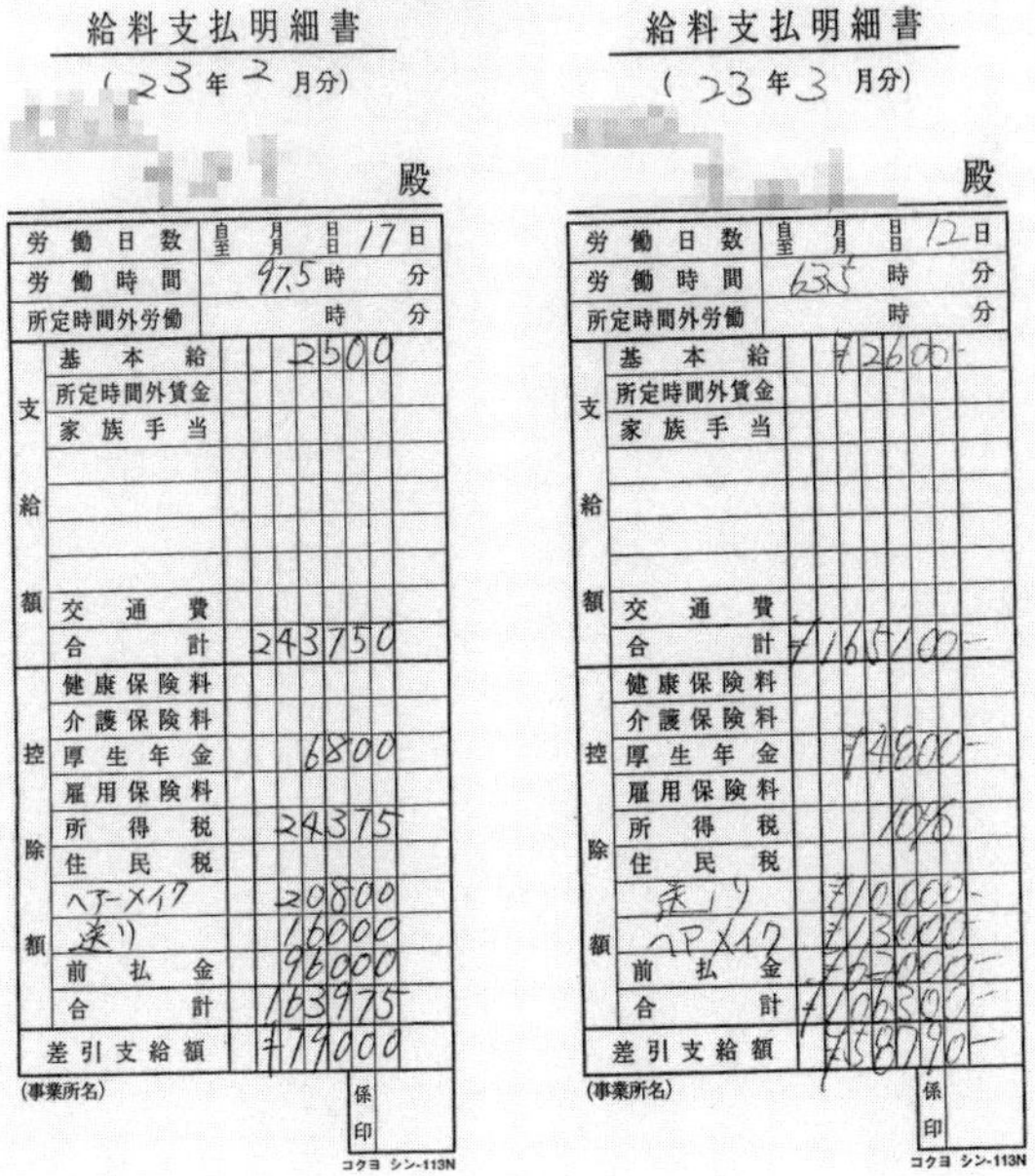

給料支払明細書

（23年2月分）

殿

労働日数	自 月 日 至 月 日	17日
労働時間		97.5時　分
所定時間外労働		時　分
支給額	基本給	2500
	所定時間外賃金	
	家族手当	
	交通費	
	合計	243750
控除額	健康保険料	
	介護保険料	
	厚生年金	6800
	雇用保険料	
	所得税	24375
	住民税	
	ヘアーメイク	20800
	送り	16000
	前払金	96000
	合計	163975
差引支給額		¥79000

（事業所名）　係印

コクヨ シン-113N

給料支払明細書

（23年3月分）

殿

労働日数	自 月 日 至 月 日	12日
労働時間		63.5時　分
所定時間外労働		時　分
支給額	基本給	¥2600-
	所定時間外賃金	
	家族手当	
	交通費	
	合計	¥165100-
控除額	健康保険料	
	介護保険料	
	厚生年金	¥14800-
	雇用保険料	
	所得税	1016
	住民税	
	送り	¥10000-
	ヘアメイク	¥13000-
	前払金	¥62000-
	合計	¥106300-
差引支給額		¥58790-

（事業所名）　係印

コクヨ シン-113N

給与支払明細書。厚生年金は控除こそされているが……

をプラスして総支給額を決める。ボトルバックはしっかり出る店もあれば、全然出ない店もあって、とにかく店によってものすごく差がある。でもいずれにしてもこれは「時間＋成果」で給料が決まるという形だ。基本の時給は決まっているから、あとはドリンクや指名とかを取ればお給料が増えることになる。

ところが、このお給料の支払いでも、業界ならではの〝奇妙〟なシステムが導入されている。

時給がバックに連動してしまう「ポイントスライド制」が一般的になっているのもその一つだ。これはドリンクや指名、同伴とかをポイントで評価して、キャバ嬢が一定期間に獲得したポイントに応じて時給を変動させるものだ。店ごとに違うんだけど、たとえば指名1回で3ポイント、同伴で2ポイントと日々ポイントをつけ、獲得したポイントの合計に応じて時給を変える。

基本の時給が3０００円であっても、20ポイント以下なら時給を２５００円に、21〜50ポイントならそのまま、51ポイント以上なら３５００円にする、とスライド表に沿って時給を変える、というシステムだ。

さらに、現在ではキャバ嬢それぞれの「個人売上」に連動させて当月の時給を操作する「給率制」の導入が進んでいる。

給率制の基本的な考え方は、「お給料は働いた時間に対して支払われる」という、労働の基本的な常識を徹底的に否定する、というものだ。

給率とは、「給料の売上に対する比率」の略で、店が計算するキャバ嬢の「総支給額」を「個人売上」で割った値だ。

たとえば20万の個人売上に対して、総支給額が30万ならば給率150%、15万ならば75%、といった形で計算する。給率が100%を上回ると当月の時給を下げ、100%を切れば逆に上げるという形で運用される。

変動幅は店によって違うけど、10ポイントの給率の過不足に対して時給を100〜500円程度を増減させるところが多いようだ。

だから、個人売上が少ないキャストはどんどん時給が下がり、就労の当初に契約した時給での支払いを受け取れないことになる。

働く側の「自己責任」――「赤字女！」

中には、給率制を合理的なシステムだと考える人もいるだろう。

売上がなければお給料が払えないのだから、給率が高ければお給料をもらいすぎ、低ければお給料が少なすぎると、数字で明確になって分かりやすい、と。

実際、「給率を超えたから、時給が下がるのもしかたない」と考えるキャバ嬢は多いけれど、給率制には、大きな問題点がいろいろある。

そもそも、時給を個人売上に連動させることが問題だ。

キャバクラとは、お客が店での接待飲食の対価を支払うことで収益を得るという業態だ。キャバ嬢が労働者として店と契約している仕事の内容は、何時から何時まで、と一定の時間を拘束され、店長や担当ボーイからああしろこうしろ、と店の指揮命令下で接客することで、その労働時間の対価として時給を受け取る、というものだ。

だいたい、お客にお金を使わせたり、集客を伸ばしたりとかの経営努力って、第一に経営者の責任と仕事のはずだ。

でも、多くの経営者は、お客を呼ぶのはキャバ嬢に任せきりなのに、店の売上が悪いとその責任がまるで全部キャバ嬢にあるかのように言ってくる。

それで、給率システムで個人売上に連動させて時給をカットされるのだから、従業員が経営者の仕事を肩代わりさせられていることになる。

個人売上はお給料の締め日を超えないと計算されないし、実際にキャバ嬢がそれを知るのはお給料の支払日が来てからになる。

だから、こういう店も求人広告では「時給5000円以上」とか言って募集しているけど、給率制の場合は労働時間に応じて支払われるはずの自分のお給料がいくらになるのかが、もらう側がそもそも分からない。

誰だって、働くには経済上の理由がある。

住宅費や通信費、食費、友人や知人との交際費だとか自身の学費や貯蓄、さらに子どもの教育費だとか生活費もろもろを稼ぐためだ。

それはキャバ嬢だってもちろん同じだ。自分の生活にお金がいくらかかるのかを考えて計算し、時給を決めて働いたのに、あとから予定の金額が受け取れないことが分かるなんて、たまったものじゃない。

罰金がいくら引かれてるか分からないし、そもそも働いた時間を正確に把握できない場合も多い。だから家賃が払えるのか、ローンの引き落としに間に合うのか、携帯電話代が払えるのか、そういう不安がキャバ嬢にとって強いストレスになる。

しかも、実際に個人売上として計上されるのは本指名（入店時にキャバ嬢を指名する）のお客の飲食代の合計だけで、そのお客が店に払うその他の代金（支払い時に20〜30％上乗せされるタックスと呼ばれる料金など）は一切含まない店もある。そして、場内指名（フリー客が店内でキャバ嬢を指名する）のお客や指名のないフリー客を接客したり、他のキャバ嬢のヘルプに入ったりとかの場合は、そのテーブルでのお客の飲食代は自分の個人売上にならない。

本指名、場内指名、フリーのお客の割合は店や月により違う。だから、ある日の店の売上（店に客が支払った料金の合計）が50万あったとしても、うち本指名客の売上が10万なら個人売上にカウントされるのはその10万だけ、なんてこともある。店は本指名客だけじゃなくて、キャバ嬢にいろんな客への接客を命じて収益を上げるわけだけど、本指名客を飲食させる以外の仕事は時給の評価に含まれなくて、フリー客の相手は一切カウントされない。

けど実際のところ、フリーのお客の相手はキャバ嬢の仕事のうちの基本的なものだし、もともとキャバクラにとって、キャバ嬢の個人売上に計上される収益は店がお客から受け取る代金のごく一部にすぎない。でも、そういうベーシックな仕事は勘定に入れないのだ。

繰り返すけど、店はキャストに自分自身の労働の成果を低く見積もらせている。どんなに仕事をがんばっても指名されないとダメだというのだ。指名がないと、

「給率悪いな！」

「赤字女！」

とか言われてしまうのだ。

売上を作らなきゃいけないのに、それができない自分が悪いから、といろんなことをガ

マンして、店の言うことを聞かなきゃダメだ、とどんどん思い込まされていく。

そして、キャバ嬢には失業保険も労災も有休もない。保障が何もない。

これじゃ、もらえるお給料は深夜のファミレスや居酒屋で働くのとそう変わらないか、長い目で見たらもっと悪い条件になることだってあるんじゃないか。大手のファミレスや居酒屋なら深夜割増もあるし、有給も雇用保険もあるところが多い。もちろん中には、社会保障がない飲食店もあって、当然それは問題なんだけど、とにかくキャバクラで雇用保険や有給がある、というのは今のところ聞いたことがない。

さらに、前にも話したけど早上げの問題だってある。その日の働き終える時間を店長やボーイが勝手に決めてしまうのだ。

ヒドいケースだと、働き始めて30分で、

「もう今日は店を閉めるから」

と言って女の子を帰してしまう店もあった。しかも理由は、

「雨が降ってきたから」

という説明だけ。

30分しか働かなくても、ヘアメイク代も厚生費も取られてしまう。早上げのせいで、お

給料がマイナスになってしまうのだ。働きに行って、お金を店側に支払わなきゃいけない。一体、なんの罰ゲーム？　という感じだ。

総支給額の意味不明

そして、総支給額の計算にだって問題がある。

総支給額とは、一般的には時給×就労時間数と各種のバックの合計だ。けれど、この計算方法でも、労働基準法の違反が横行している。

さっきも言ったけど、店はたいがいヘアメイクとかの就業準備やミーティングとかの目的で就労時間30～40分以上前の出勤を義務づけている。その時間に遅れたら罰金だ。なのに、この時間は就労時間数に算入されない。だからその分は無給で働かされることになる。

総支給額といっても、店はそこから「厚生費」「税金10％」「ヘアメイク」「送り」だとか、あるいはいろんな種類の「罰金」といった名目で控除をするから、給与額は平均すると総支給額の7割～8割程度にしかならない。

結局、給率制は自己責任意識をバックに個人化されさらに店から過小評価された「労働の成果」に対し、違法に控除される前の時給数千円という自身の「労働の対価」がとても過大評価されているんだ、という論理を店が正当化するものとして機能している。

キャバ嬢は、仮にがっぽり店のために稼いだとしても、それで経営者としての報酬が手に入るわけでもないのに、マインドだけは経営者のようになることを求められるのだ。

それが、経営者が作り上げた給率制というシステムだ。

そして、お給料が少なくても、

「お前の努力が足りないせいだから、いちいち文句なんか言うなよ」

と自己責任の問題とされてしまう。

経営者からは、これだけ高い時給なんだから、と言われて「労働の対価」を求められるけど、そういった話は多大な天引きをされる前の時給を前提にして語られる。そして、キャバ嬢の労働の成果は常に個人売上のみばかりから計算され低く見積もられる。

繰り返そう。給率制って、従業員に本来経営者がやらなきゃいけない仕事をちゃっかり肩代わりさせて、労働者のキャバ嬢に自身の仕事の業績を低く見積もらせ、自己責任意識を強く植えつけるという、ホントに悪魔のシステムだ。

残業代ゼロ法案、なんていうのがあったけど、そういった考え方ってキャバクラ業界が先取りしているんだよ、と言えば業界に詳しくない人でもその〝ヤバさ〟が分かると思う。

女性へのお給料をごまかしやすくして、さらにキャバ嬢から文句が出にくくなるように、給料システムをわざと複雑に作っている店だってある。

わたしたちはキャバ嬢の給与明細をこれまでに何百枚と見てきた。

その中にはA4くらいの紙に数字がいっぱい記されていて、わけが分からないものがある。店長にシステムを尋ねても、きちんと説明できないことだってあった。

給率制なんか、キャバ嬢をごまかすためにできている給与システムとも言っていいくらいだ。

お給料を明細書と一緒に渡される時、キャバ嬢は仕事の性質上、酔っぱらったりしていることもあるから、ほとんどその内容なんか分からないこともある。明細を本人に渡さず、一瞬しか見せてくれない店もある。チラ見せってストリップかよ、と。

自分の出勤・退勤時間を細かく毎日メモしているような人ですら、ごまかされてしまう。しかもお給料の話を同僚のキャバ嬢とすることは禁じられているから、自分のお給料の支払額が間違ってないか、ごまかされてないかを確認できないのだ。

充実の罰金制度

そのくせ罰金制度は〝充実〟している。

入店時に遅刻罰金と当欠（当日欠勤）・無欠（無断欠勤）の罰金だけは説明されていても、急に新しい罰金を店が作ってくるケースも多い。たとえば、ある日突然に、

「イベントデーで同伴できなけりゃ、罰金３万！」

なんてことを、店長が突然言い出すことだってある。

金曜日に指名のお客を呼べなくて、

「罰金２万！」

というケースもあった。

遅刻、当欠や無欠の罰金が、金曜と土曜は倍になって、一回の当欠で罰金を８万取られるなんて店もあった。

病気、たとえばインフルエンザで休んでも当然のように罰金を取られる。だから、何日か寝込んで休んだら、お給料がマイナスになってしまうのだ。店だってインフルエンザのキャストに出勤されても困るだろうに、ここぞとばかりに罰金を取ってくる。

病気で動けなくて仕事を休んだキャストに対して、当欠で、

「罰金３００万！」

なんて言い出した店もあった。これじゃ怖くて、体調が悪くてもとても休むことなんか

できない。

わたしが働いていた時の同僚の話だけど、胃の調子が悪くて何も食べられないくらいの体調でも、病院に行って点滴をしてから店に出勤していたキャストがいた。

彼女は、体調が悪いからなるべく早く上げてもらうように上に頼んでいたけど、お客が店にいる限り、店側はキャストの事情なんて聞いてくれない。

お客の出足が悪そうだと、平気でさっさと早上がりをさせるのに、お客が入っていたら体調なんかおかまいなしで、いくらでも席につかせて飲ませてしまう。

うす暗い店内でも、彼女の顔が血の気がなく青ざめているのが感じ取れた。

「安全に」とか「健康に」とか、そういう配慮がまったくなくて、キャバ嬢をただの〝商品〟としてしか扱っていないんでしょうね、とその時思ったのを覚えている。

04

キャバクラ・暴力と
ハラスメントの巣窟

「ランパブに行かすぞ！」

キャバクラには、同じ系列で、ランパブ（ランジェリーパブ）とかをやっている店もある。ランパブというのは下着姿の女性がお客の接待をする店だ。そういったところだと、キャバ嬢の売上が下がると、

「おまえ、ランパブに行かすぞ！」

と脅しをかけてくることがある。キャバクラとランパブを同じビルの別のフロアでやっていたりするから、そういう脅しはヘビーに効く。実際に、

「客を呼べないなら、今日は4階（ランパブ）行けよ！」

と言われて、ホントにランパブへ連れてかれたケースもあった。

さらには店長がキャバ嬢に対して、

「おまえらの売上が悪い。このままなら店をランパブにするからな！」

と言ってきたこともあった。

その店長は、自分は店の営業時間中でもパチンコに行ってしまうとか、いい加減な仕事ぶりなのに、売上が悪いのをキャバ嬢のせいにして文句を言ってきていた、というわけ。

キャバ嬢の売上が悪けりゃ自己責任だなんだと責任だけを押しつけて、しかも売上が上がったところで、それはおサボり店長のパチンコ代になってしまうのだ。

店の形態がいきなり変わる、というのは、脅しだけじゃなくて実際にある。赤坂の話だけど、キャバクラがある日突然、「いちゃキャバ」に変えられたこともあるし、他にもいくらでも話はある。

従業員のキャバ嬢にたいして、いろんな形で女を商品とさせようとする根性はある意味ですごい。乾いたぞうきんをなお絞る、という言い回しがあるらしいけど、ホントにそれだ。

そして、最近はキャバクラと風俗の区別があいまいになっている。業界の不況が、そういった傾向を後押ししているのかもしれない。

キャバクラの面接を受けに行って、不採用になって出てきたら、ビルの出口に風俗の勧誘が待ち構えていて、

「うちで働きませんか?」

と言われたという女性もいた。

特に最近だと「セクキャバ」から「水着キャバ」、さっきも出たいちゃキャバとかいうジャンルが出現して、わけが分からなくなっている。最近、仲間うちで出た話で、

「セクキャバで全裸になるお客さんがいる」

というのがあったし、他にも、

「自分は普通のキャバクラで触ったり、セクキャバでヌキをするのが好きなんだ」

と言ったりしてキャバ嬢にせまる客がいる、ともいうのも聞いた。

セクキャバにもいろいろあって、女性が上半身裸になって接客したり、またキスがＯＫな店もあるし、かと思えば女性から男性に軽く肩とかを触れるだけ、という店もある。

働いている人に聞いてみても、セクキャバとおっぱいパブはほとんど変わらない、という人もいれば、キャバクラで働いているのとたいして変わらなかった、という人もいた。求人広告を見ても、実際、店によって全然内容が違うみたいだ。

店がつぶれて、経営者やスカウトから、キャバクラからセクキャバに行かされたり、またヘルスに行かされたり、同時にかけ持ちをするようになる人もいる。

普通のキャバクラだと思って応募して働き始めたら、途中から店がセクキャバになったりする。それに嫌気がさしてやめるキャバ嬢もいるけど、いっぽうで新しい店を探すのもメンドいから、やめたらお給料がもらえなくなるから、とそのまま働くキャバ嬢もいる。

とにかく、

「店の性格をハッキリさせてほしい」

と言うキャバ嬢は多い。働く前にどういうサービスをするのか、業務内容がどういうものなのか、きちんと説明しない店が多いからだ。

キャバクラはあくまで飲食の接待をするだけなのに、それ以上の身体接触を求めるお客が多い。しかも、それを容認する店もある。

けどいっぽうで、キャバ嬢にはそれをうまくかわすスキルが店から求められる。店は客のおさわり願望を野放しにして、キャバ嬢が水際でおさわりを防ぐようにさせるのだ。

中には、男性従業員がおさわりをする客を出禁にするとか、きちんと対応する店もあるし、身体接触は禁止、と店の入り口にポスターを貼って明示している店もあるけど、店の経営者は、キャバ嬢に禁止行為をかわすスキルをただ求めるんじゃなく、きちんとキャバ嬢が安全に働けるように配慮してほしい。触りそうなお客がいたら男性従業員がそばに立つだけで全然違ってくるはずだ。実際、そのように対応する店もあるのに、でも逆に、

「胸ぐらい触らせてやれよ」

なんていうボーイがいるのもまた事実だ。

けれど、そんな店だとキャバ嬢は長く働けないし、働く気も失せる。

キャバ嬢がすぐに飛ぶ（退店する）とか、文句を言う経営者がいる。けれど、彼らに会って話をすると、こんなんじゃ従業員に飛ばれちゃうよなあ、と思わせるタイプの人物が多

い、というのもまた現実だ。

ハッキリ言おう。

悪質店からはどんどん飛んだらいい。むしろ飛ぶことをおすすめしたい。

ガマンして、しょうもない経営者の下で働くことなんてない。

飛んでお給料が払われなかったら、それこそ労働組合に入って取り戻せばいいんだから。

キャバ嬢が駆け込む時

キャバ嬢は、当然普段は上の言うことに従って働く。

遅刻に対する罰金だって、夜の世界は昼とはルールが違う、と言われてガマンしている。

「1分でも遅刻したら罰金3000円だからな！」

とどやされても、それはその店に入った以上、ルールだからしかたないと思ってしまう。

ホントは店の対応がおかしいのに、理不尽な仕打ちにも従ってしまう意識をとことん叩き込まれていることまで含めて、キャバ嬢の〝労働者性〟はホントに高い。

でも、ここまでそういったモラルを刷り込まれているからこそ、いっぽうで店側が店のルールを踏みにじった時、彼女たちはキャバユニに来る。よほどのことがないと、耳慣れない"労働組合"に相談なんかしない。

退店通知をしたらその場でクビ、そしてその月のお給料を支払わないとか、遅配とかで、やむにやまれず来るのだ。遅配だって、2〜3か月間ずっと、日払いしか支払われていない、というようなケースも多い。

日払いは店によってピンキリで、タクシー代として1000〜2000円くらい、という店もあれば1万円くらい出すところもあって、あんまり時給の高い安いとの因果関係はない。日払いも店によっては、たとえば最初は5000円くらいを支払っていたのに、次第に出なくなっていく、なんてケースがある。

もっとも、実際はお金をある程度でも受け取れれば、キャバ嬢も大抵のことには目をつぶっている。けれど、あまりにお給料が払われない状態が長く続いて、経営者から約束を破られまくって、生活できないレベルのお給料の未払いや遅配で、どうにもならなくなってキャバユニに来る、というのはホントに多い。

それから、あまり問題化されていないけど、労災の問題も根が深い。

通勤途中で事故にあえば、普通なら通勤労災だ。

キャバ嬢は終電から始発までのあいだは、「送り」といって、店のクルマで家に帰るようになっているけど、そこで事故にあったところで労災なんか適用されない。よほど大きい事故で相手に責任があるような場合ならお金も入るだろうけど、基本的に事故に遭遇した本人がその後の責任をかぶることになっている。だから、お金や時間がかかるから病院にかかれない、なんて問題が起こる。

店の中で倒れても、それどころかお客に叩かれてケガをしてもガマンさせられる。労災なんて話以前に、

「客を訴えたらクビにすっから」

とか言われることだってある。

労災どころか、犯罪の被害を警察に通報したらクビ。いくらなんでもヒドいでしょ！　問題が起きても、働く人が被害だけ受けて、沈黙させられるような職場、儲けること以外何も考えない経営者。

そういったことから勇気を持って逃げ出して、キャバユニにまで来た女性たちの勇気をムダにしたくない。

トラブルや悩みを個人で抱え込まないで、サポートをし合いながら、問題が自分一人だけのものじゃないことを認識できる場が必要だ、と思う。

眠れない……肝臓が……

キャバクラで働く人の悩みとして、睡眠障害もよくあるやつだ。労働が深夜や朝まで続き、その上毎日の就労時間が不安定なことが大きく影響しているんだろう。

夜なら夜の勤務でもいいけど、たとえば週5日、毎日7時間仕事をする、というように決まって働ける店は少ないし、早上げだってある。決まった時間に家に帰れない。

それやこれやで睡眠のリズムが乱れてしまって、病院で睡眠導入剤や精神安定剤を処方してもらったりするんだけど、キャバクラという仕事上、おうおうにして薬とお酒をチャンポンで飲むことになる。そんなこんなで睡眠時間がコントロールできなくなる人は多い。

働いている時には、客や経営者からもハラスメント、差別的な発言をさんざん言われて、それでも気を使い続けないといけない。

収入も安定しないし、もし遅刻したり欠勤したりしたら数万単位の罰金が待っている。そして店からお客を呼ぶようにプレッシャーをかけ続けられているわけだから、いつ、メンタルにトラブルが出てもおかしくない状況だ。

急性アルコール中毒も多い。労災が下りるどころか、ヒドい場合だと、飲まされすぎて仕事中に倒れたキャバ嬢が、ドレスのまま店の前に放置されていたなんてこともある。

当然、腎臓や肝臓を悪くする人は少なくない。ドクターストップがかかっていて酒を飲めないキャバ嬢には、ウーロンハイといえばウーロン茶、コークハイといえばコーラといったように、アルコール抜きの飲み物を出すのが普通だ。

でも、ボーイがわざと、飲めないキャバ嬢のグラスにウォッカとかをドボドボ入れてくることがある。

席についているボトルならまだしも、コーラやウーロン茶にアルコールを入れて出してくるのだ。もうこうなるとイヤがらせというより、殺す気か？　と寒気すら覚える。

そういう話を聞くと、キャバクラって人が働く場所じゃないな、と正直思う。

心身に巣食う闇

キャバユニに駆け込んでくる人の中には、メンタルにダメージを受けている人も多い。たとえば電車に乗ることができなくなった、とかだ。車内の長イスで、自分の隣に男性が座る可能性があるということを考えると、ゾッとしてつらくなってしまうからだ。家から出ることができなくなったりとかもある。

男性恐怖症になって、彼氏にも会えなくなってしまった女性もいた。睡眠障害、うつ、男性恐怖症。どれもキャバクラの職業病だ。

「女の子をうつにしたいならキャバクラにやれ」

と言ったキャバ嬢がいた。至言だと思う。ホント、キャバクラはうつの製造工場だ。

世間がイメージするキャバ嬢と、現実のキャバ嬢はかけ離れている。キャバクラが舞台のTVドラマがこれまで何本かあったけど、とあるドラマでは男性従業員は、キャバ嬢に暴力を振るうことなんか絶対ない、キャバ嬢を守るヒーローみたいに描かれていた。でも、悲しいことだけどそんなことは基本的にファンタジーだ。

お金のほうも大変だ。キャバユニに相談に来るキャバ嬢は、基本的にみんな貧乏だ。

「月80万稼いでるなんて、歌舞伎（町）のキャバ嬢でも1％以下でしょ！」

と、業界が長いキャバ嬢が言っていた。最低限の生活をするためのお給料を稼げないキャバクラなんか珍しくもない。

高校を出てからキャバクラで働いたあと、マクドナルドで仕事をした人がいた。

「マックって、なんていい職場なんだろう！」

と彼女は本気で思ったという。

お客に営業しなくていいし店長からのセクハラもない。決まった時間で働ける。だから、

「こんないい仕事、他にないって！」

と。彼女の同僚も、

「わたしもカラオケボックスとかでバイトしてたけど、どこもキャバクラよりずっとラクでお金もよかった」

と言っていた。

こういう話はよくある。キャバクラはラクして稼げる仕事ってわけじゃない。

キャバ嬢は〝商品〟？

キャバクラにとってキャバ嬢は人間じゃなくて〝商品〟だ。

経営者は交渉の場でも、女性たちの前で、

「キャバ嬢は商品だから」

としれっと言う。モノ扱いだ。

「キャバ嬢に人権なんかない」

とかよくネット上で言われるけれど、ホントにそんな扱いだ。

キャバ嬢はいつでも使い捨てできるモノ、使えなくなったらさっさとポイ捨てしていいモノ、という感覚を持っている経営者はホントに多い。

自分の給料を削って女子給にあてたりという店長や経営者もいなくはないけど、それはものすごくまれ。経営者が大好きな言葉に、「経営マインド」なんてのがあるけど、女性たちを商品として扱うことが、キャバクラ経営者にとってのそれのベースにあるんだろう。

商品の話ついでに、悪質な店の話もしよう。これは都心から離れた郊外に多い。

なぜなのか理由を考えてみた。郊外だと店も少ないから、キャバ嬢にとっても移る先があまりないし、実家暮らしのキャバ嬢なんかだと、生活している場所から店が近いと、店とトラブったら自分の仕事をバラされたりするんじゃないか、とおびえてしまうとか、そういうことがあって誰かに言いにくい、ということが背景にあるんじゃないだろうか。

だからと言って、たとえば渋谷・新宿は郊外じゃないからいいのかというと、やっぱり、繰り返しになるけど、

「渋谷や新宿のキャバクラで働くのは大変！」

とよく言われる。

このあたりは同業者（ボーイとか経営者）の客が多いから、キャバ嬢のことを知りつくしている分、タチが悪いことがある。テキーラやウイスキーをストレートでイッキ飲みさせ

たりして、女の子をつぶす。それからベタベタ触りまくってくるというのだ。

彼らは、業界の人間だけあって、キャストに対するセクハラを店がどこまで許容するのかというギリギリのところを知っているのだ。

ちょうどレッドラインを超えないところでのハラスメントが続くのは、キャバ嬢からすればやっぱりつらい。

セクハラ・パワハラの総本山

これまでも実例を出してきたけど、セクハラ・パワハラは当然と言うか、相当多い。

キャバユニに来る女性たちは、お給料とか不当解雇の問題で来るから、直接そういったことを訴えてくるわけじゃないけど、相談に来た女性に仕事の実情を聞いていくと、店でヒドい扱いをされた話がぞろぞろ出てくるのだ。

お客に足を触らせろと言われ、むりやり足の指をマッサージされて骨折したのに、病院にも行かせない状況にして、その後も骨折が治る前から、腫れた足にハイヒールを履かせて働かせたり、なんてのもあった。ボーイは痛がる彼女を放っておいて、客に注意もしなかったという。

ハラスメントだと、店によってはボーイの目が届かないＶＩＰルームがあって、そこだとお客はやりたい放題なんてケースもある。

キャバ嬢にフェラチオを強要したり、さらにはセックスまで要求したり。ドレスの中に手を突っ込むなんて当然のようにしているという。そういうことは当然ＶＩＰルームでも禁止事項のはずなんだけれど、そんなのおかまいなしだ。

キャバ嬢がなんとかしてほしいと店長に言っても、

「相手はヤクザだからさ、ガマンしてよ」

とか言われてしまう。フリーのお客なら出禁もあるけど、怖いお客とかたくさんお金を落とすお客だったら、訴えてもシカトされてしまう。

お客からのセクハラや痴漢行為にガマンできなくなって、

「席を替えてほしい」

と言っても取り合ってもらえなくて、

「もうムリ！」

と仕事を上がったら、そのまま解雇されたケースもあった。

「あしたから来なくていいから」

と。それを目にした他のキャバ嬢は、やっぱり、そういうことを強いられても耐えなきゃいけないと思うようになるし、感覚も麻痺してくる。

だから、キャバクラで働いてる女性が、

「セクハラされるのはしかたない」

と思わされているのを、そんなことはないんだよ、とこちらが言っても、キャバ嬢は当事者ではあるけど、それでもこれは問題なんだ、というのを理解してもらうのはなかなか大変だ。でも、キャバクラで長く働こうというのであればこそ、そういうことは意識したほうがいい。でないと、どんどん自尊心をおとしめられてしまうし、自分がつらくなる。


お客だけじゃなくて、店側からのハラスメントだってとても多い。

セクハラ発言なんかもう呆れるほどにあふれている。例をあげれば、

「おまえのこと必ず抱く」

「一緒にお風呂入りたい」

なんてＬＩＮＥを送ってくるとかだ。

あと、２人きりのエレベーターの中で、

「キスしていい？」

と聞いてくる店長もいれば、

「これから（客と）ホテル行ってこいよ」

とか客の席についている時に言う経営者の話もあった。

パワハラ発言だってたくさんある。

「おまえは、腐ったミカンだよな」

「おまえみたいなやつ、うち以外じゃどこも雇ってくれねえぞ!?」

「クソ人間！」

「おまえ、バカか？」

などなど、あげればキリがない。それも女性には思いあたる節も、たいした理由もなく、だ。少なくない経営者が、いきなりそういったＬＩＮＥやメールを送りつけてくる。

キャバ嬢は商品だ、と経営者は言うけど、せめて商品ならもっとていねいに扱いなさいよ、と言いたくなる。

さらに、

「店長に階段から蹴り落とされた！」

とかいうような、店側からの暴力の話も多く聞く。

店長による盗撮や痴漢行為、さらには強姦未遂といったことだってある。

彼らがキャストの体に触ってくるのは日常茶飯事で、出勤するたびにお尻を触られたり当然のようにハグされたり。経営者だけでなくボーイが触ってくることもある。

とにかく、店側からのセクハラなんて、あまりにもありふれすぎていて、

「それってセクハラだよ！」

と相談に来た女性に言うと、かえってビックリされる始末だ。


とにかく、キャバ嬢の日常はセクハラや暴力に満ちている。

それにガマンできなければ彼女を未払いにして放り出せばいいのだから、経営者はきちんと問題に対応しない。そこには、

「こいつ、どうせキャバ嬢じゃん⁉」

という圧倒的なキャバ嬢への蔑視があるし、文句を言ったり、使えなくなったら切り捨てりゃいいや、というようにしか考えていない、という問題がある。

繰り返しになるけど、そういう経営者が一人いるだけで、何十人ものキャバ嬢が被害を受けることになる。

こういう意識は、経営者だけじゃなくて、世間の人も結構持っているように思う。ネットでキャバ嬢について書かれた文章を見るとゾッとすることが多い。

女性の殺人事件が起きた時に、被害者の女性がキャバクラや風俗で働いていた、なんてなると、ネットとかで被害者があからさまに叩かれたりとか、だ。叩いてさげずんで、キャバ嬢という存在を消費している人も多い。怒りを覚える。

自分自身が持っている、差別や偏見についての意識を見直してほしい、とホントに思う。あと、服装が原因で痴漢の被害にあうんだというようなことを、女性自身が言うのを、よく耳にする。でも痴漢は、言うまでもなく被害者の問題じゃなくて加害者の問題だ。なのに、被害者を叩くなんてホントありえない。

団体交渉をしていて、経営者に、

「キャバ嬢が電車で痴漢にあったところでさ、誰も取り合わないだろ？」

と言われたことがある。

そういう感覚の経営者が女性を雇って使っているというのは恐ろしいことだ。

派遣はどうだろうか

キャバクラに日雇い派遣があるのはみなさんご存知だろうか？　もちろん現在は日雇い派遣は原則的には禁止だけど、キャバクラ業界では派遣が違法なまま増えてきている。

特定の店に在籍して働く、という以前からの働き方の他に、毎日日雇い状態でいろんな店に派遣で行って働くケースが増えてきているのだ。

スマホなんかで、いくつかある派遣会社に登録して、当日でも、

「歌舞伎の○○で募集してる」

というような情報を得て、派遣会社に連絡して店に働きに行くのだ。

経営のやり方としても、地域や店長によっても違いがあるんだけど、客が20人入る店ならレギュラーのキャストが1日10人以上いてもおかしくない、というケースでも、店に常時いる在籍キャストを2人くらいにして、あとのキャストを派遣でまかなうやり方もある。

派遣の時給は、地域にもよるけど、だいたい3000～4000円が相場でバックがない場合が多い。在籍のキャストだったら、時給1000円台の人もいるけど、銀座や六本木あたりの人なんかで、月に100万以上稼いでいる人もいる。もっともそういう人は接待の食事にゴルフ、仕事用のドレスやら着物やらで、出費も月50万台とかだけど。さっきも言ったように、まれに1000万オーバーもいる。ともあれ、在籍か派遣か、レギュラーかヘルプか、いろいろあってキャバ嬢の時給もピンキリだ。

わたしが働いていた店にも、在籍キャストがあまり集まらない日や、出勤数が多く必要な金曜日とか、何人か派遣のキャバ嬢が来ていた。彼女たちは早めに帰されることが多かっ

たけど、日払いで全額のお給料をもらってから帰っていた。わたしがいた店だと時給3000円だったという話だ。

キャバユニのメンバーに、わたしが赤坂で働き出したことを伝えると、仲間が派遣でうちの店の募集を見つけて働きにきてくれたことがある。

彼女は上野で未払いになってから、昼職をしながらたまに派遣で働いていたという。キャバクラの派遣で働くと、当日のうちにお給料がもらえるから未払いになる心配はしなくていいし、お金がすぐ手に入る。派遣はキャバクラ業界だと、ある意味で安全な働き方かもしれない。しかもイヤな店長や従業員がいたら、次の日から店を変えればいいんだから、気楽なところもあるだろう。キャバユニのメンバーでも派遣のキャバ嬢は多い。

けど、やはりデメリットもある。

派遣だとヘルプでついた席のボトルの酒を大量に飲まなきゃいけなかったり、触ってくるお客がいても、在籍キャバ嬢の場合よりボーイの対応が冷淡になる、などもあるらしい。一長一短だ。

そして、派遣と普通のキャバ嬢にはものすごく大きな違いがある。

〝営業〟をしなきゃいけないか、しなくていいかの差だ。より正確に言うと、派遣の場合、営業しなくていいというか、しちゃダメなのだ。派遣の場合は、店にフリーで来たお客か、もしくは在籍キャバ嬢のヘルプとしてつくから、自分からお客を取ってはいけないのだ。けれど、ということは、営業電話もメールもしないでいい、同伴もしなくていいわけだ。ノルマもなければプレッシャーもかけられない。話を聞いて、わたしは、

「絶対派遣のほうがいいじゃん！」

と思った。

しかし、考えてみるとこれってバックが一切つかないということでもある。指名客がいないから指名バックも同伴バックもない。お客を大勢店に連れてくることができる、バック率が高い店で働くキャバ嬢にはうまみがないということだってある。

そう考えたら、派遣と在籍のどっちがいいのかは、なんとも言えないところだ。お客からすればどっちか分からないこともあるだろうし、そういったことはどうでもいいのかもしれない。けれど働く側にとっては結構な違いがある。

お給料の未払いを山ほど見てきて、自分でもバックの不払いにあったわたしとしては派遣のほうがいい気がするけど、在籍よりさらに短い時間で働かなきゃいけないし、毎日店を探すのは大変だろうな、とも考えてしまう。

それでも派遣で働く女性が多いということは、お給料の未払いがない、ということで派遣を選ぶ、という人も結構いるのかな、と思う。

朝からキモいエロトーク

キャバ嬢は日々、

「どんどん客を連れてこいよ！」

と店からハッパをかけられている。いわゆる営業だ。それだって、もちろん結構なストレスだ。

店に来たお客とは電話番号やメールアドレスを交換して、勤務時間外にもやりとりをする。来たお客全員と毎日メールを必ずするという女性もいた。

メールも、送られたらなるべく早く返さなきゃいけないし、そうなると、キャバ嬢の仕事はもう24時間無休、みたいな感じになってくる。

わたしも、店にいた時はあるお客から毎日のように、朝8時ごろ電話がかかってきて、思い出しても吐き気がするようなイヤらしいことを言われた。

こっちからしたら、店から帰ってきてシャワーを浴びて、やっと寝つくかどうかという時間帯だ。そんな時に、出勤して間もないサラリーマンが、誰もいない職場から電話をかけてくる。

その期間は地獄だった。今から思うとよくガマンしたと思うけど、しょっちゅう通ってくるお客だったからしようがないと思って耐えていた。

担当ボーイにも、

「ちゃんと連絡取って！」

とかいつも言われていたというのもあって、感覚がマヒしてたんだろう。


それにお金がないお客なんかだと、なるべく店に行かないでキャバ嬢とコンタクトを取りたいから、メールや電話だけがやたらと多くなることもある。

店にも来ないのに電話ばかりしてくるお客には、キャバ嬢のイライラがたまりにたまる。いつそのお客との連絡を断つのか考えなきゃいけないけど、それだってストレスだ。

店外デートやアフター（仕事を終えた後に客と食事などをする）とか、時間外労働だって多いのに、それが売上につながらないことも多い。

けっして仕事がラクじゃないところで、売上が上がらないと、

「やめちまえ！」

「努力が足りねえんだよ！」

と店側からののしられるんだから、たまったものじゃない。

さらには、売上が更衣室とかに貼り出される店もある。いつも自分が上から何番か、下から何番かを気にしなきゃいけない。営業のサラリーマンにもそういうことがあるだろうけど、それでもキャバ嬢のように早上げされたり、いきなり出勤しなくていい、と言われて休みにされて、その上で順位を競わされるようなことはないと思う。

「すぐにヤリたがる」「触りたがる」お客のウザさ

ついでにウザいお客の話もしておこう。

やっぱり、すぐに「ヤレる」と思ってるお客はストレスだし、キャバ嬢に嫌われる。女性の中にはそういうお客のあしらいがうまい人もいるけど、

「(フリーで来店して)たかが4000円ぽっちで、ヤレるとか思ってんじゃねぇよ」

って思いながら、デレデレと鼻の下を伸ばしてくるお客をあしらうのは結構ストレスがたまる、と言っていたキャバ嬢がいた。いちおうはお客だから、冷たいことは言えないんだけど。

ヤリたがるお客がいるのと同じように、パワハラというかセクハラというか、とにかく女性を奴隷のように扱いたいという手合いもいる。グループ客なんかに多いんだけど、キャ

バ嬢をグループのまん中にあえて座らせて、

「おまえ、ただのバカだろ！」

とか、

「○○に似てブサイクだな！」

とか、罵声を投げつける。

お酒を作って出しても、

「おまえの作った酒なんか飲みたくねえよ！」

とののしる。とにかく、何につけてもクレームをつけてくるのだ。しかも、特定のキャバ嬢に対してだけそう接するんじゃなくて、15分経過して別のキャバ嬢が来たら、また同じように罵声を投げつける。

そういうのにはホントにうんざりする。

あとで、一緒に席についた人とその話をしたら、その人も相当ムカついていて、

「水割りを、やたら濃く作ってやったわよ」

と言っていた。ささいな抵抗だけど、気持ちはホントに分かる。

触るお客もストレスだ。

前にも言ったけど、セクハラに関しては、止める店とそうでない店とに分かれる。

止める店は、ホントにボーイが入って、

「お客さん、困りますよ」

と言う。

「うちはそういう店じゃないんで」

と。それでも止めないお客は、入店禁止にする。

けれど、そこまでちゃんとするボーイはそうそういないし、止める店は多くない。

キャバクラのボーイをしていたキャバユニのメンバーから、

「先輩ボーイが、客がいくら注意してもおさわりを止めないから、ブチ切れて2階の窓からそいつを放り投げた」

という話を聞いたことがあるけど、ボーイがみんなそれくらいやればいいのにと思う。

いっぽうで、止めない店は店がむしろお客を煽る。

「この子はオッケーっすよ！」

とか、

「ヤラセてくれるんで、お持ち帰り、全然いいっすよ！」

とか言ったりする。セクハラを容認どころか、店が先導するのだ。

ボーイがちょっとお客のそばに立つとか、対応しに動くだけでも、キャバ嬢からしたら全然違う。どんなボーイかで店での働きやすさがすごく変わる。

空気を読めないボーイも多い。でも、かっこよくおさわりを止めるようなボーイがいれば、それだけでキャバ嬢は労働意欲が湧くんだけどなあ……。

「夜のディズニーランド」

いいお客というのは、まずは触らない、毒づかない、会話を楽しんでくれるお客だ。そして、意外かもしれないけど、お客はキャバ嬢をムリして盛り上げなくてもいい、ということも言っておきたい。どうしようもないことをしてくれなければ、それでいい。お客は気を使わないでだまっていていい。会話を盛り上げようとせず、ムスッとしていたって全然オッケーだ。

キャバ嬢には、たとえばスポーツとかクルマの話とかにくわしいとか、会話の引き出しをたくさん持っている人が多い。わたしが見た、すごい！　という例でも、若い男性とスケボーや自転車の話をして盛り上がっていたかと思うと、年配の男性と野球や小説の話をしている人がいた。こういうのは、見ていて感心する。

キャバクラで長く働いていた人が言っていた、

「キャバクラは夜のディズニーランドだから」

という言葉が印象に残っている。

キャバ嬢を長くやっている女性には、いろんな知識がある。耳から仕入れた話であっても、勉強して自分なりに肉づけするのだ。

キャバ嬢にも、接客のプロとしてエンタメ意識で勝負したいという人もいる。そういう人は、初めて会った客でも盛り上げることができる。そういうワザをマスターするのは超難しいけど、それをさらっとやっている。


キャバ嬢の仕事は客としゃべるのが基本だ。それに営業という、コミュニケーションの作業もくっついてくる。

それが苦手だということで、風俗に行こうかな、と考える人もいる。

「キャバクラでもどうせ触られるんだし、なら風俗のほうがお金になる」

という理由だ。

けど、キャバクラにしろ、風俗にしろ選択肢があっていいんじゃないか、と言う人もいるけど、はたして実際はどうなんだろう。経済的な貧しさから、ホントはやりたくないことを少ない選択肢の中から選ばされている女性だって多いんじゃないだろうか。

それと、風俗のほうが日払い率が高いのも風俗を選ぶ理由になる。風俗は、お給料を出勤当日にくれる店が多い。だから、一か月分のお金がまるまる未払いになるリスクが少ない。だから……ということで風俗で働く人もいる。

それだけキャバクラには未払いが横行しているわけだ。けど、最近だと風俗でも、未払いの相談が増えてきた。いわゆる女性の性を商品化する業界も斜陽化しているし、問題が煮詰まってきている。

グチが言えればラクになる

そして、ストレスがたまることで思い浮かぶのは、お客のツバだ。

キャバ嬢はだいたいうす暗い店内で、肩を露出して接客している。ショールとかのはおり物を禁止する店だって結構あると思う。

それで、お客は女性のほうを向いてしゃべるから、いつの間にか片方の肩が、お客のツバを浴びてるのが光の加減ですごくよく見えてしまうのだ。

「ああ、（ツバを）早くシャワーで流しちゃいたい」

と思ってももちろんできない。これ、男の人だって、このシチュエーションは想像しただけでストレスになると思う。それが何時間もずっと続くわけだからもうたまらない。

それから、仕事が終わってからの同僚との付き合いとか楽しみとかを作りにくいのもストレスだ。さっきも言ったけど、仕事の終わりの時間が同僚のキャバ嬢とはバラバラな場合が多いから、女性同士で待ち合わせができない。終わったら一緒に食事でも、というのがなかなかできないのだ。上がりが深夜や早朝だから開いてる店も限られてるし。

イヤなお客が来ても、あとでグチを言ったりとか、話を共有できるだけでもずいぶんと違うと思うんだけど、それができない。ストレスを発散できる場が作りにくい。

ホント、グチだって大事だ。着替えの時間が重なったり、送りが一緒になって、

「あの客はヒドかったね」

と同僚と話ができた日はやっぱり、スッキリしてよかった。

けれど、待遇を改善するためにキャバ嬢同士が一緒に何かをする、というのはなかなか難しい。

キャバ嬢は、同じ店にいても、上がりの時間も、お給料も仕事の形もバラバラだし、店の中での序列も違う。キャバ嬢たちのあいだで時給の話をすることは禁止されている。お

給料の話を同僚としちゃダメ、というのも独特の世界だなあ、と思う。

でも、こういうのって、女性同士でつながったり不満を共有してほしくないという、店の思惑が透けて見える。女性たちに結託されたら困る、という。貼り出される数字をキャバ嬢同士で争って、店の売上を上げていくことだけを考えてほしいんだろう。

そういったキャバ嬢たちが情報交換ができる場所といえば、かろうじてヘアメイクをする美容院と送りのクルマの中ぐらいだ。わたしもキャバユニの名刺をそういったところでこっそり配った。

でも、ヘアメイクも、美容院じゃなくて店の中でやっていたら、店への不満の話なんかなかなかできない。送りのクルマだって、店の男性従業員が運転するケースもある。

そうなっちゃうと、店がいかにおかしいか、なんて話は全然できないし、一緒に組合に行く相談なんて絶対にムリだ。

店の文句を言った、という理由でペナルティとして時給を下げられた、解雇された、という相談もあるくらいだ。

おびえなくていいんだよ、やったれやったれ!

前にも言った通り、精神的に不安定になるキャバ嬢は多い。

自殺未遂をしたり、

「これからガスひねります」

みたいな電話を受けたこともあった。

そういう人へのケアというか、わたしたちにできることは、実際のところ限られている。むしろ、何もできないと言ってもいいくらいだ。でも、とにかく相談には乗る。

話を聞いて、生活保護の申請をすすめる場合もあるし、申請に同行することもある。

「自分が苦しくなっているのを、他人になかなか言えないのがつらい」

と打ち明けられたりすることもある。

「そういう子は、他にもいっぱいいるよ、わたしもそうだよ」

と言うと、少し安心して元気になったように見えることもある。

もちろん、そんなの自己満足だ、と言えばそれまでだ。けど、わたしも自分のことをいろいろ聞いてもらって、楽になったり、救われたり、元気になったりすることが多い。だから、わたしは仲間といろんなことを話し合える関係を作っていきたい。

キャバクラで働いている人の中には、店側からいろんな手段で脅されている人もいる。

「ホントに何かされるんじゃないか？」

とおびえている女性も来る。

でも、店に対して、

「このまま泣き寝入りしたくない、絶対やり返したい！」

と言う人は多い。

キャバユニにはそんな話を聞いておもしろがったり盛り上がったりしてしまう人がいる。

「そういう店は絶対許せない、あったところで、結局害毒をたれ流すだけだから、つぶすまでやりましょう！」

「やったれやったれ！」

と、勝手に盛り上がっているメンバーを見て、最初は、

「一体なんだろ、この人たち」

という反応をする人もいる。別世界の人を見るような感じだ。悲惨な話を聞いて暗くなるだけじゃなくて、どう反撃するか、で盛り上がっているからだ。

当然、彼女たちの話はホントに深刻なものだし、必死な思いで相談に来るわけだから、こちらの対応を、

「ふざけてる！」

と感じる人もいるかもしれないけれど、でも、わたしたちの反応を見た人に、「現状の話をただ落ち込まずに聞いてくれて、盛り上がってくれる人がいて、救われた」という手紙をもらったこともある。

相談に対して、わたしたちは傾聴ボランティアとか、カウンセリングができるわけでもない。だから、とにかくこれから一緒にできることを話していく。

ものすごいパワハラや未払い、即日解雇といったことが、キャバクラ業界だと全然特別じゃないありふれたことだということ、相談をした人の多くが自分で問題を解決している、ということをまず話して、じゃあ何ができるのか、一緒に作戦を練るところから始まる。

あれもやってみよう、これもしてみよう、といろいろな可能性があることが分かると、相談が終わった時、表情が、来た時とはうって変わって明るくなる人が多い。

相談に来る人に対して、生活のほうは大丈夫なのか、あとメンタルのダメージは大丈夫か、ということも、わたしたちがいつも気にしていることだ。

経済面だと、さっきも言ったように、働くことが難しいようなら生活保護をすすめることもあるし、やっぱり精神面が不安定だと事件を解決するためにに動くのが非常にキツい作業になるからだ。

でもいっぽうで、闘っていくことが本人にとっての救いになるのもホントの話だ。

とにかく、相談をすることでいろんなことをキャバユニとシェアして、

「みんな自分が悪いんだ」

とため込んでいかないようにできれば、と考えている。

たとえば、お給料の支払いが滞ったために、家賃を滞納しまくってから組合に駆け込んできても、そこから解決までには時間がかかることがあるから、その間の生活をどうするかを考えていかなきゃならない。

生活保護だって、

「親に連絡が行くから絶対にダメ、（生活保護を）受けるくらいなら死んだほうがマシ」

と言う人だっているけど、それでも生活保護を受けるのは当然の権利だ、と話す。

だって、死んだら終わりなんだから。

お給料の未払いで大学を退学、進学は断念

女性がキャバ嬢になる理由は、ほとんどが金銭問題じゃないだろうか。

キャバ嬢がもてはやされて、ブームになった２００８年ぐらいまでの時期だったら、キャバ嬢に憧れて入ってきた女性もいるかもしれない。

けど、もう待ったなしでお金が必要だったからキャバ嬢になった、というのが、キャバユニの女性には多い。

まずは日雇い状態というか、日払いでお金をもらえる体験入店というシステムが大抵のキャバクラにある。本入店してからも、お給料の一部を日払いで出す店も多い。

コンビニで働いてもお給料が出るのは当月末とか翌月、長いと一か月半後とかになってしまうけど、キャバクラだったら働いたその日に一部でももらえる、というのが魅力だ。だから、一週間以内に家賃を入れなきゃとか、携帯代を払わないとマズいとか、そういう、ちょっと生活がのっぴきならなくなった状態で始める人が多い。

リーマンショックのあと、製造系の工場なんかがつぶれまくったけど、それでキャバ嬢になった人もいた。

「缶詰工場で働いていたけど、そこがつぶれて、近所で職を探したけれど全然見つからない。どんどん貯金がつきていって、即日で多少お金が入るキャバクラで働くしかなかった」

ということだった。

相談相手と一緒にいる時間が長くなると、彼女の親子関係を聴いたりもするけど、

「生活に困っているから、生活費を稼ぐよう親に言われてキャバクラで働き始めた」

「親が引きこもりになって稼げなくなったから、自分がキャバ嬢になった」

といったケースもある。キャバクラで働く彼女がその家の生計を支えている場合、その女性が一家の大黒柱、というわけだから、親兄弟が彼女にとって重荷であっても、簡単に切り離すことができない。

親がリストラにあって、弟が学校に行っているなんてケースだと、その学費までもが彼女の肩にかかってくる。20代前半の女性では、自分や兄弟の学費を稼ぐために働く、というケースが多い。中には、

「大学に受かったから入学金をキャバクラで働いて払おうと思ったけど、未払いのせいで入学金を払えなかったから、結局入学はあきらめなきゃいけなかった」

なんて女性もいる。未払いのせいで、自分で稼いでいた学費を滞納してしまって、休学・退学する女性もいる。

そういう場合、キャバクラの未払いのせいで人生がホントに変わっちゃう。

カミングアウトとバレることのあいだ

交渉に行くと、相手側はいろいろと女性を脅しにかかるけど、定番の脅し文句に、

「親とかまわりに、キャバクラで働いてるのをバラすよ?」

というのがある。

実家住まいの女性なんかだと、そういう脅しを聞かされて恐怖におそわれてしまうことがある。家の近くでキャバ嬢をしている人は、近所や昼の職場に、自分がキャバ嬢だと触れ回られることをものすごく恐れている。

「どういう目で見られることになるか分からないし、普通に外を歩けなくなる」

とおびえるのだ。

親がもともと水商売の人で、親公認で姉妹でやっているとかいう場合だったら全然問題ないけど、親族や知人にキャバクラで働いていることを絶対に知られたくないという人だって当然いる。

かくいうわたしも、自分がキャバクラで働いていたことは親に隠していた。自分の娘がキャバクラで働いている、ということで、親がショックを受けるだろうというのはたやすく想像がつく。わたしがキャバユニの活動を始めて、キャバクラの話が出た時、親に、

「でも、あなたはキャバクラで働かないでしょう?」

と真顔で聞かれたことがある。当時はまだキャバクラで働いていなかったけど、キャバ嬢のように自分の娘がテレビに出ていたことを親はイヤがっていた。

わたしの親は60代後半だけど、この世代はやっぱり偏見が強いな、と感じる。キャバク

ラで働いたらもう〝水商売の女〟というくくりに入れようとする。ただ職場がキャバクラだというだけで、もうキャバ嬢としてしか見ようとしないという風潮が世間にはある。

そして、わたしたちが声をあげるとすぐ、

「キャバ嬢風情が！」

とネット上とかで叩くことで、それを改めて実感させられる。

わたし自身も親に言えないことにすごく葛藤があった。キャバ嬢であることを言えないなんておかしい、と思うのに、親が心配したり恥じたりすると思うと言えない。自分がこういった活動をしているのに隠しているなんてなんか軽薄だし、堂々と働く女性を見ていると後ろめたさをどうしても感じてしまう。

この本が出たら、わたしがキャバ嬢だったことを親が知ることになるだろう。

でも、これでもう隠さなくていいんだ、と思うと解放感を感じるのもまた事実だ。

わたし自身がいろんな偏見や差別でがんじがらめになっている。自分でもよく分かる。

「キャバクラで働いているのが親にバレたら、死ぬしかない」

と、泣きながら言った女性がいたのを思い出す。

キャバクラでの仕事は恥だ、とそれだけ強く思わされながら働かなきゃいけないっていうのは、ものすごく毎日がつらいだろう。

でも、ただ彼女は賃労働をしただけじゃないか。

たくさんの女性がこの仕事で働いている。なのに、自分がキャバ嬢であることに対して、そこまで悩まされなきゃいけないのはなぜなんだろう。

安全に店をやめたい――自宅からの拉致もある

みんな、一緒に働くボーイには自分のことをよくしゃべっちゃっているようだ。アパートを借りている人なら実家はどこだとか、親子関係がどうとか。

そういったことを、待機時間なんかにおしゃべりで教える。けど、これって、ボーイに個人情報を把握されてしまうってことでもある。みんな、後になって問題が起こるなんて考えもしないだろうし、同僚なんだから一緒に働きながら話すのはよくあることだ。

でも、店との関係が悪くなると、店側はホントにいろんな方法で女性に揺さぶりをかけてくるし、こういったおしゃべりがそのネタを提供しているのもまた事実だ。

今までに1件、個人情報がバレたおかげで家まで押しかけてきたっていう相談もあった。

そのケースだと、店をやめようとした女性の家に来たママとチーママを、同居のおばあさんが友人だと思って家の中に入れてしまった。彼女たちは寝ていた女性の髪をつかみ上げて、着の身着のまま、外に連れ出していったそうだ。

その女性は、髪をつかまれた時、テレビで放送されたキャバユニの記者会見が頭によぎったという。こんなことをされて不安になったから、店とちゃんと縁を切りたいということで、わたしたちのところへ駆け込んできた。

なので早速、店にキャバユニへの加入通知と団体交渉を申し入れる文書を送り、キャバユニと店の中間地点のファミレスで話をした。その時は、相手方から経営者が出てきて、

「てめえ、こっちは警察にも知り合いがいるんだぞ！」

とか怒鳴ったりとか、オラオラした態度で脅してきたけど、交渉の末、

「以後、一切彼女とは関わりを持たない」

という念書を取った。何かあったら、すぐ組合が駆けつけるということで。とにかく、

「後の危険がないように、後腐れなくちゃんと安全に店をやめたい」

というのは、よくある相談内容なんだけど、これって一般的な職場だとそうそうない相談じゃないだろうか。

キャバクラは一度入ったら、やめられない業界だという先入観が女性にはあるみたいだ。もうやめますといっても、やめさせてくれない。店側はとにかく、あれやこれやいろんなことを言い出して、やめさせまいとする。そして、そのうち、

「やめたら家に行くぞ？」

と脅しをかけてくる。そういう目にあっている女性はホントにせっぱ詰まっていて、

「自分が店に行かなくなったら、すぐ家に押しかけてくるんじゃないか？」

「ヤクザが出てくるんじゃないか？」

とおびえたりする。

キャバユニに相談に来た時、恐怖感がよみがえって泣き出す女性もたくさんいる。

ヤクザはどうなのか

キャバ嬢がみんな恐れているのは親バレの他に、暴力とヤクザだ。

昔の遊郭じゃあるまいし、足抜けしようとするとせっかんや拷問みたいなのが待っているとか、そういうことはないんだよ！　と思うけど、大丈夫だと言ってもなかなかすぐには相談者は信じない。というか、暴力が怖くてイヤイヤ働いているキャバ嬢だって多い。

キャバユニとしては、

「店をやめたって、もちろん大丈夫だよ」

「これまでもそういう相談がたくさんあったけど、みんなちゃんとやめられているから心

配ないよ」

と女性には伝えるけど、そういう言葉だけじゃもう追いつかなくなっているくらいにせっぱ詰まっている人もいるから、精神的な安心を保障するためにも書面上の手続きをちゃんとやる。たとえば、双方の合意で店をやめた、という協定書を書類としてきちんととるための手続きとかだ。労働組合という第三者の目が入ることで、店としても女性にからんだり、脅したり、イヤがらせ的にちょっかいを出したり、というのがやりづらくなるようだ。

とにかくみんな、ヤクザが怖い。たとえば、未払いを請求したらヤクザが出てくると思っているキャバ嬢は多い。

けど現実的な話として、労働組合の交渉にヤクザがわざわざ出てくるのはほとんどない。キャバクラや夜の世界イコール、ヤクザがすぐ出てくる、というイメージがやたら強くあるけど、実際のところ、数十万程度の未払いで、わざわざ店がヤクザの力を借りることもないだろう。出てきたとしても店のケツ持ちが争議の時に様子を見に来たり、なんとなく中に入ってくるぐらいだ。

一度だけ、経営者を捜索していたら、どう見てもヤクザだという人に出会ったことがあったけど、その件はその人と話したらすぐに解決した。

払われる約束だった未払いを請求したらヤクザに脅された、なんて人はいないので安心してほしい。

キャバ嬢は何に困って相談するのか

キャバユニへの相談だと、お給料の未払い、特に即日解雇による未払いとか退店月の未払いの相談件数が圧倒的に多い。それこそ、約8割がこの相談じゃないだろうか。それに賃下げ、セクハラ・パワハラの問題、安全に店をやめたい、といったものが続く。賃下げというのは、一方的に時給を下げられた、お給料が最初の約束とまったく違う、というものだ。保証時給という制度がキャバクラにはよくあるんだけど、「2〜3か月間は、時給を4000円以下にはしない」と面接で約束したのに、その期間でも平気で時給を下げてくる、というものだ。

お給料の未払いの中には、倒産・閉店によるものも含んでいる。これは、ある日出勤したらもう店が閉まっていた、みたいな事態だ。店長に連絡してもうやむやにされて、お給料が払われないという相談もある。その場合、キャバユニは風営法の営業許可証を取って、社長の自宅に申し入れをしたり系列店に行って話をしたりする。

それに、前に言ったような、

「お客から暴力を振るわれたけど、警察に通報させない」

といったこともある。

「未払いで相談に来たけど、セクハラもある」

「セクハラで来たけど、賃下げもある」

「暴行で相談に来たけど、お給料も違法に天引きされている」

といった、いろんな問題が複合していることも結構ある。相談をしていく過程で、問題が改めて洗い出されていくのだ。

相談は全国各地から来る。北は札幌のすすきの、南は博多の中洲から。

キャバユニがあるのは東京だから、札幌や博多みたいな遠い土地の場合、一人でも入れる合同労組で、仲間の労働組合があればそこを紹介する。

現実的な問題として、キャバユニは相談者の地元から事務所までの移動時間が2時間以上かかる場合、取り組みをあきらめざるをえない、というところがある。交渉となれば本人がわたしたちの事務所で行われる経営側との交渉に出席する形を取ってるし、いっぽうでメンバーが争議に一緒に行くから、あんまり遠いとしっかり事件に取り組むことが難しくなってしまうからだ。キャバユニも人間の集まりだから、キャパシティの問題もある。

けど、どんな地域にもキャバクラはあるわけで、だから、全国各地にキャバ嬢が相談して取り組みをできる労働組合ができていく、というのが理想だ。

時給65円・セクキャバで日給50円

キャバユニに駆け込んでくるキャバ嬢はホントにいろいろだ。

自分は在職で働きながら、他人のためにという思いが強くて、

「ママからのパワハラを受けている人がたくさんいる。この現状をなんとかしたい！」

という人もいたし、いっぽうで、

「ユニオンをやめたら、おまえの分の金を払ってやる」

と店に言われて、経営側に寝返っちゃったという人もいた。

お給料が払われず、ホームレス状態になった女性もいた。

彼女はすごく律儀な人だった。他人に迷惑をかけたくなくて、お給料の未払いで家賃を払えなくなるかもしれないから、と住んでいた部屋をすぐに出ていったような人だ。その後、友人の家を転々として、知人の事務所に寝泊まりしながら、争議をしていた。

彼女が争議をしていた店は杉並区の高円寺にあった。その店の前でデモをやったり、イベントに出て自分の話をしたり、といろんなことをやった。

彼女について、その律儀さの他にわたしがよく覚えているのは、その時給の額だ。最初、店が彼女に渡した給与明細だと、なんと時給が65円で計算されていたのだ。マジで冗談かと思った。これじゃ、1時間働いてジュース一本買えないじゃない！　と。理由はこの店の意味不明な罰金システムだ。30分に1回ドリンクを飲まないと、時給を200円ずつ引いていくという、なんじゃそりゃ、というものだ。

しかも、店側は彼女が知らないうちにシフトを勝手に入れてから、無欠扱いにしてその罰金を1日で4万も引いていた。こんな形であれこれの罰金を引いて、時給65円という計算をしていたわけだ。

最後には、店の経営者にきちんとお給料を支払ってもらったけど、経営者も、さんざん争議をかけられる前に、もっと早く支払えばよかったのにね、と思う。

そういえば、ここの経営者もロレックスをはめていた。労働者は時給65円で経営者はロレックス。キャバユニの活動をしていると、経営者がどういう小物を着けているか、それはお金にするといくらぐらいになるのか、について、どうしても敏感になってきてしまう。

ちなみに彼女はその後、実家がある大阪に帰った。本人の意思というより、母親が病気になって、そのめんどうを見なきゃいけなくなったという。彼女は今、何をしているのだろうか。マジメでがんばり屋だった。元気にがんばっていてほしい。

あとは、珍しいケースだと、

「シンガポールのキャバクラで不払いにあった」

という人もいた。

これは、横浜のバーが系列店としてキャバクラをシンガポールに出したというんだけど、

「シンガポールで働きませんか？　往復航空券も支給！」

といった内容でじゃんじゃんネットで宣伝していたのに、キャバ嬢には帰りの航空券代も出さないし、お給料を払わなかったというもので、ホント、サギみたいな話だ。

働いている国が違えば労働法も違うから、海を越えての争議はさすがにムリだったし、本人との連絡も取れなくなってしまって、キャバユニとしての事件化はしなかったけど、今後、こういった海外の店の事件も増えてくるかもしれない。


お給料がマイナスだ、と言ってくるケースを除いて、キャバユニが扱った事件の中で一番お給料が安かったのが、上野のとあるセクキャバだった。

その店は本当にヒドくて、女性にバスタオルを巻いた姿で接客させるんだけど、そのバスタオルを、「制服代」という形で、出勤ごとに5000円をお給料から天引きしてたの

だ。

時給は2000円台ということになっていた。でも、制服代やらなんやらを引いて、なんとお給料が日給50円だ。しかも、バスタオルはろくに洗われていなくてボロボロ。いくらなんでも、というかこれじゃあ絶対に食べていけない。

このセクキャバの経営者は、金髪に浅黒い肌で最初はオラオラしていた。けれど、こちらが何度か争議をしたら、最後にはきちんと労働基準法を守った額を女性に支払った。

ここはさすがにすぐにつぶれたけど、経営者からすれば、店がつぶれたところで、痛くもかゆくもないといったケースが多いのも事実だ。

経営者の〝才覚〟って何？

ハッキリ言って、キャバクラはキャバ嬢に経営のおおかたを依存していると思う。だって、お客を呼ぶのも、来たお客を楽しませるのも彼女たちだから。店はキャバ嬢に対しては最低限の管理をしているだけ、といってもいいくらいだ。

いっぽうで、経営者の〝才覚〟っていうのは、女性たちへのお給料の支払いとかだと、そのギリギリのところを見きわめられるかどうか、というものなんだろう。さじ加減を間違えて、金額を安くしすぎたり未払いが続いたりすると、キャバ嬢の中には飛んだり、他店にくら替えしたり、反抗する人が出てくるし、かといって払いすぎれば人件費がかさむ。そのあたりのあんばいが、〝経営〟的な視点から見ると大事なんだろう。

でも、女性たちが安定して働いていける環境や条件を整えるのだって、店を経営する上で大事なことなんじゃないの、とは、結構マジで思う。

キャバ嬢からすれば、経営者の人柄はやっぱり大事だ。毎日顔を合わせているんだから、やる気は経営者の人格に左右されるし、関係がきちんとできていれば、女性も店に情が湧いてくるし、それで一定のお給料をもらえていれば、そこで働き続けたいと思うものだ。

「お給料はそんなに高くないけど、この人（経営者）ならついていこうかな」

と。実際、そういうキャバ嬢は多い。店長が店を移ったら、

「自分も移りたい」

と、ついていくのだ。

いい経営者はいいキャバ嬢とのつながりを持っている。そういった人が店を新規でオープンすると、ちゃんといいキャバ嬢が集まってくる、というのはキャバユニで活動している身からしてもよく見える。

いい店長やボーイには客もつく。彼らに対して、

「お前がいるから飲みに来た」

という客だっている。

キャバ嬢を商品としか見ない、人として扱わない、みたいな店長とか経営側の態度が、長い目で見たら自分の店も、キャバクラ業界そのものもつぶしていくんだろう。

キャバユニ・その歴史

いちおう、キャバユニの歴史も話しておこう。

結成日は2009年12月22日だ。記者会見を厚生労働省で開いてお披露目をしたのだ。けど、実際にはその1年ほど前からキャバユニの結成につながっていく動きがあった。

キャバユニはフリーター労組（フリーター全般労働組合）の分会の一つだ。結成のきっかけは、そこでなかなか解決しそうにないキャバクラの事件が同時期に2件あったことだ。うち1件の事件は当該、もう1件は同じ店で働いていた4人の女性が事件の当事者としてフリーター労組に加入した。この5人の動きが、キャバユニ結成のきっかけだ。

1件目の女性は、最初は自分自身でお給料の未払いを払うように店にかけ合っていたんだけど、店側がまったく取り合わず、労基に行っても、それでもどうにもならなかった。

だからいろいろ労働組合に行ったけど、そこでもほとんど取り扱ってくれなかったので、ネットで探しまくって、フリーター労組にたどり着いた、というわけだ。

組合に入ってからも、体調がよくない中で事務所に1年以上通い、たくさんの話をして踏ん張って、解決まで闘い続けた。

それと同時期に、また別の都内のキャバクラから一人の女性が組合に駆け込んで来た。そこは女子高生の制服を着て、ルーズソックスをはいて接客する店だったけど、従業員全員のお給料の未払いがあった。数か月間、ずっと支払いが遅れて、そしてとうとう一円も支払わずに閉店しそうだ、ということになり、わたしたちのところに来たのだ。

その女性はリーダーシップと問題の把握に優れた人で、彼女が組合に入ってから、同僚のキャバ嬢をどんどん連れてくるようになった。まだ10代の女性がほとんどだった。

その当時、フリーター労組では、「ガソリンスタンドユニオン」とか「アパレルユニオン」といった形で、業界別に分会を結成して、盛り上げているところだった。そこで、その彼女が連れてきて4人が同じ職場から組合に加入したとなったら、

「それって、もう分会作れるじゃん、これからはキャバクラユニオンだよ!」

ということで、話が進んでいったのだ。

そのことをもう1件の女性に話したら、彼女もキャバユニの結成に賛同してくれた。

彼女はキャバ嬢歴が長い人だったけど、自分が抱えている問題を社会的な問題として提起していきたいし、これからキャバクラの業界に入ってくる女性を、自分と同じような目にあわせたくない、と望んでいた。

そのころは、キャバ嬢が女子中高生の「なりたい職業」のランキングの中に登場してきたりとか、キャバクラの人気が高まっていた時期だった。彼女が、「『華やかで稼げる』というイメージを抱いてキャバクラ業界に入ってきて、お給料の未払いやセクハラなどのヒドい目にあわされるのはやっぱりよくないし、どういう業界か知ってから入ってほしい」

ということを話していたのを、今でも覚えている。業界の現実が小・中学校の女の子にも伝わるような活動をしたいとも言っていた。

だからということで、彼女が前面に立ち、キャバユニの代表になってやっていくということになった。多くのマスコミの取材を受けながら、自分の事件を進行して、キャバユニの結成を発表した。それが結成までの流れだ。

けれど、キャバユニを結成しても、最初のころは、キャバクラに団体交渉を申し込んでも完全にシカトされることが続いた。

回答も送り返してこないし、こちらが書面を何度も送っても、電話連絡も来ない。そんな状況だから、もうこっちは店に直接行って話をするしかない。わたしたちは争議上等だけど、それはじかに押しかけなきゃどうにもならなかったというこの経験がベースにある。キャバクラ業界でも労働基準法が適用されるんだ、という、当たり前のことをハッキリ相手方の経営者に分からせなきゃいけない。だから、相手の店には何度でも大勢で押しかけるとか、他にも記者会見やデモとか、できるだけ大騒ぎをして、自分たちの意図と行動をマスコミや世間に訴える戦術を取った。経営者から見向きもされない状況なんだから、社会を動かさないと事件が解決しないと思ったからだ。

この作戦のおかげか、どんどんキャバユニの活動に参加してくる人が増えてきた。そうした中、代表の事件の店で、店長のバースデーイベントが行われることが判明したから、ケーキを持って20人以上で店に争議したりとか、いろいろやった。けれど、そこまでやっても店は事件を解決しようとしないで、それどころか店を閉じた。解決のきっかけは、歌舞伎町でやった、店に向けてのデモが決め手だったと思う。代表の店は歌舞伎町に本店を置く、有名な高級キャバクラグループのチェーンの一つだったけど、そこに対してデモをしたのは、結成の翌年、２０１０年の3月だ。

「『未払いとセクハラがあった』というビラをまくぞ!」

と、デモ数日前の団体交渉で、ビラを店の前に１０００枚積んで見せたのを覚えている。

この団体交渉で店は深夜割増の支払いや、過去の天引きの返還をして、彼女に謝罪した。

だから、デモの時に配るビラでは、店名の部分は消した。

デモの本番では、「業界改善」という幕を垂らしたピンクのバルーンを揚げ、トラックに巨大なサウンドシステムを積んで、ハウスやらトランスやらを爆音で鳴らしながら歌舞伎町を練り歩いた。そこには、事件が解決したばかりの代表もＤＪとして参加していた。

そういったことをいろいろやって、事件を解決させていった。


キャバユニのこれまでを振り返ると、歌舞伎町でデモをしたことがマスコミで報道されたせいか、２０１０年は事件が多かった。

ここ数年、事件数は落ち着いていたけど、口コミとかネットでキャバユニのことを知ったキャバ嬢の相談は続いている状況だ。

中にはキャバユニを店長やお客から紹介された、なんて人もいる。前の店の未払い問題だから、自分のところとは関係ない、ということで紹介するんだろう。もしかしたら、お給料をちゃんと払っている経営者ほど、悪質な経営者が許せないのかもしれない。

相談してくる人が継続的にいるのは、やはり基本的には業界の景気が悪いままで、不払いや未払いが多いからだろう。

はやっている店もなくはないけど、団体交渉で相手になる経営者も、長く働いているキャバ嬢も、みんな業界の景気が悪いと感じているのは共通だ。

「キャバ嬢残酷物語」

ずいぶん前だけど、スポーツ紙の一面に「キャバ嬢残酷物語」なんていう見出しが出たことがあった。

確かに、キャバクラは普通の女性が働く職場としては悲惨というか、かなり危険な部類に入るかもしれない。ハッキリ言って、〝無法地帯〟だ。いろんな危険に満ちている。暴力的な危険もあるし、キャバ嬢への差別と偏見という視線にもさらされる。ヤバい。残酷物語なんか、キャバクラ業界のそこら中にころがっている。

それでも、働いていると業界の感覚に染まるというか、お客を取らなきゃという意識が、四六時中、頭から離れなくなって、それが全部になってしまうことがある。

キャバクラをやめてから初めて、

「なんで、あんなヒドい条件やノルマを、ガマンしなきゃいけなかったんだろう？」

と不思議な気分になった、という人がいた。

わたしも業界っぽいそういった感覚が、働いてから分かるようになっていった。

たとえば、今ならセクハラだと指摘できるようなことでも、キャバクラで働いていた当時だったら、そう言われたところで相当違和感を持ったろうなと思う。

「店内でのおさわりは性暴力だ」

という話がキャバユニでされていたけど、そういう話に対して、

「そんなこと言ってたら、キャバクラの仕事なんてやってけないよ」

と思ってしまうような感覚だ。

でも、キャバクラの仕事から離れると、業界のヤバい部分がどんどん頭の中に浮かんでくるし、そもそも、キャバ嬢だからってなんで店内で盗撮されたり体を触られなくちゃいけないの？　という怒りは現役のキャバ嬢だって持っている。

「触りたいなら、キャバクラなんか来るな」

という主張は何度も聞いた。でも、

「しちゃいけないところでするのが楽しいから、キャバクラでおさわりするんだ」

お客がこう言っておさわり願望を正当化するのはよくある話だし、席につくなりキャバ嬢に、

「おまえ、処女？」

と聞いて、違うと答えると、

「もういいわ！」

と、女の子を替えちゃう人とかもいた。一体何しに来たんだか。

もっとも、キャバ譲に叩かれて喜ぶお客もいるし、お客はそれぞれのファンタジーを抱えて店にやってくるのだろう。キャバ嬢もお客にメールや電話で営業をかける時、

「そろそろ来なさいよ」

とS系で言ったり、逆にひたすらM系でせまったり、その客が何を喜ぶのかを考えながらいろいろとやっているみたいだ。

「わたし、この客にはドS営業でいってるんで」

とか言っているキャバ嬢をみると、なんかカッコいいと思ってしまうのも、またある。

キャバユニは「交渉人」か？

労働組合という組織・機関については、みんなほとんどイメージや予備知識がない。

〝左翼の巣窟〟だとかも思ってない。当然、「連合（日本労働組合総連合会）」や「国労（国鉄労働組合）」なんて言葉も知らない。10代や20代のキャバ嬢たちは、ホントに労働組合に

はなじみがない。

キャバユニに来た人に、

「労働組合にどんなイメージを持ってますか？」

と尋ねても、

「まったくなんのイメージもない」

「何も知らない」

と言われるのがほとんどだ。

彼女たちは、前も言ったように、キャバユニのような労働組合すら警察や役所と同様の組織で、そこに駆け込めば助けてくれるというように思っている。

以前、あるキャバ嬢に、

「なんで相談者が、キャバユニになかなか定着しないんだろう？」

という話をしていたら、

「警察に行くような感覚で相談に来てるんでしょ。警察に相談して問題が解決したからって警官になるわけじゃないのと一緒で、だからキャバユニにも残らないんじゃない？」

と言われて、ずっこけながらも、なるほどと思った。

わたしには、そういった感覚がまったくなかったから、そう言われてホントに驚いた。

マジな話としては、労働組合は歴史的に警察に弾圧されてきたわけで、ある意味敵対関係だ、とも思うんだけど、事件の当事者からしたら両方とも同じ相談相手というわけだ。なんだかな、な心境だけど、そういう側面もあるんだな、とも思った。考えてみたら、わたしだって労働組合の存在を知るまでは何も知らなかった。だから、キャバ嬢たちもいろいろやっていく中で組合のことを理解していくんだろう。

でも、たとえばわたしの親たちの世代に比べれば、若い人たちの権利意識は強くなっているような気がする。有給に関しても、それが当然の権利と分かれば、ちゃんと使い切っていく。

「パワハラ、セクハラはありえない、あっちゃいけない」

みたいなことも当然分かっている。

昔は、もう雇われれば滅私奉公というか、多少のことはガマンするって感じだった人も多いと思う。終身雇用で在籍し続ければ年々給料が上がる、というシステムがあったから、若い時はガマン、という話も成り立ったのかもしれないけど、今はそんな状況じゃない。

働く人の非正規化が進んでいて、ホントにぼろぞうきんのように使い捨てられる可能性だってある。だから権利意識が強くなるっていうのは、当たり前かもしれない。

黒い服とかカッコいいし、悪いもの＝ブラック、という言い方はなんだかなとは思うけど、ブラック企業なんて言葉が生まれて、ヤバい、危ない職場があるんだってことが分かってきた。同じ場所で働くかどうかは、そこがどういう職場か安全に働ける職場かどうかによる、みたいな感じだ。ただ単に、一度就職してしまったからずっといるという発想はない。これって、若い人は同じ仕事が続かないとかいう問題じゃなくて、職場環境が悪い、最低限の労基法も守らないような職場が増えてきているからだろう。お給料も上がらないし、不安定な雇用なのだから、同じ職場で働きたくても働けない。

労働組合への理解なんか全然ないキャバ嬢も、事件の交渉をしていく中で変わっていく。前にも言ったように、店とのあいだにトラブルが起こると、最初は弁護士事務所に駆け込んだりする。けど、未払い金の額は数十万程度だ。だから弁護士に頼んだところで、着手金だなんだですっ飛んじゃうから、ほとんどの場合弁護士は使えない。そこで、いろいろ探した結果として、キャバユニに来る。

最初はキャバユニに対して、ドラマの『交渉人』みたいに、プロに頼むような感覚を持っている人もいる。自分が店と交渉して解決していく、という感覚はない。けど、キャバユニだと書類一つ作るにしても、自分自身でやっていく。

もちろん、分からないことは多いから、他のメンバーが一緒に手伝いながらやるけれど、書面も相談しながら自分で作っていくし、その郵送だって自分であて先を書いて行う。そして、他のメンバーの争議や交渉にも参加していく。

そういう流れの中でいろいろと体験をすることで、自分で、自分のために店との交渉をやっているんだという感覚を持っていく。

キャバクラで働いて、そしてキャバユニに来る人は、ハッキリ言って能動的で自律的な人が多い。

普通、フリーターだったら、仕事上の問題、お給料の未払いや支払いの遅延などを抱えても、なかなか労働組合に入って闘おうなんて考えないだろう。それが、労基に行って門前払いを食らったり、弁護士に相談して断られたあげく、キャバユニにたどり着くわけだから、自分で道を切り開くというか、ものすごく能動的な人間だ。しっかりした人が多い。

今までに、コンビニで働いてて労働組合に来た人で、コンビニ業界全体を変えたいと言った人はいなかった。

けど、キャバユニに来た女性たちの中には、

「キャバクラ業界全体を変えたいんです！」

「これから働く女性にキャバクラの現状を知ってもらいたい！」

という人が、少数ではあるけれどいるのだ。

未払いとかの問題で、自分の後輩たちが苦しむようなことがないようにしたい、できれば自分がお金のことで闘うだけじゃなくて、業界にはびこる暴力のちらつかせや脅しといった問題そのものをなんとかしたい、というのだ。

華やかさとか、腕一本で大金を稼げる、というキャバクラに対するイメージと、働いてから見えてくる現実の格差が大きいことが、その思いの根底にあるのかもしれない。

こういったガッツがあるキャバ嬢がいると、ホントに頼もしい。

そう、キャバ嬢は自分の手で自分のために、さらには他のキャバ嬢のためにも闘うのだ。

キャバ嬢への視線と差別——ヤバいのは履歴書をどう書くか

キャバクラの労働問題には、差別の問題もおおいにからんでくることは、改めて言っておきたい。キャバ嬢ってことだけで女性の側から受ける差別だってある。ＯＬでもなんでも女性の仕事はいろいろあるけど、キャバ嬢はそこからはみ出した、こぼれ落ちた階層、みたいな差別意識が女性の側すら持っていることだって否定できない。

キャバ嬢は、見た目こそ派手に見えるかもしれないけれど、実際には社会の成員として数えられていなかったり、でなきゃモラルを乱す存在として、一部の人からは、〝悪魔〟のように見られ、扱われる。キャバクラ業界の問題を訴えても、それって落ちこぼれたやつらの話でしょ、みたいなことになる。

けど、さっきも出たけど、女子中高生のなりたい職業ランキングでキャバ嬢が上位に入ったり、『小悪魔ａｇｅｈａ』みたいな雑誌がヒットしたり、というような時代だってあったわけで、以前はアンダーグラウンドな存在とされていたはずのものが、一般の世界に浮上してきている。そこで働く人も増えてきて、状況とか事情を発信する人も出てきた。現状はこうなんだ、と。

でも当人たちは、生活の中で自分はキャバ嬢だとは言えないし、親にも隠す。キャバクラを上がって別の仕事に行った人も、過去にキャバ嬢だったことは言わない傾向が強い。

「一度キャバ嬢をやったら、もう普通の人じゃないじゃん」

みたいな感じ方や受け取られ方って、正直ある。キャバクラで接客をしていてもそれは感じる。お客の男性からそういう目で見られる。

「なんでこんな仕事してるの？」

と聞かれたりして。

その上、店からは洗脳されるような言葉をどんどん言われて、男性従業員による評価でお給料は変動し、売上ランキングに組み込まれて争わされ、自尊心が壊れていく。

「おまえはキャバ嬢の底辺なんだからさ、次は風俗に行けよな」

とか、男性側が勝手に序列を作る。は⁉　次ってなんだよ！　なんであんたたちに序列を作られて押しつけられなくちゃいけないの？　と思うけど、他にも、

「おまえさ、昼の仕事ができないからこの仕事をしてるんでしょ？」

みたいなことを従業員やお客から言われることも多い。

切実にヤバいのは、履歴書を書かなきゃいけない時だ。

キャバ嬢を長くやればやるほど職歴が空白になってしまう。一般の会社に履歴書を出そうとしても、その場合キャバクラで働いていたことを書けない人がやっぱり多い。だから、

「その空白の期間、何をしていたんですか？」

と突っ込まれると答えに詰まってしまうのだ。

そういったことで、キャバ嬢を長くやればやるほど業界から抜けられなくなってしまう。

中にはお客に紹介してもらった会社に入れる、とかもある。でも、そういうのはあくまでも運のいいケースだろう。

現在は仕事でも〝コミュニケーション能力〟が求められる社会だ。会話の引き出しをたくさん持っているとか、相手に応じて対応できるとか、キャバ嬢はコミュニケーションには強みがあるはずで、それをたとえば企業の面接の場で、

「キャバクラで働いたので、自分にはこういうことができます！」

と言えたら素敵だと思うけれど、実際はなかなかそうはならない。ホステスをしていたことが明らかになって内定切りされたアナウンサーのことが話題になったこともある。まだまだ世間は頭が固いな、とわたしは思う。

女性たちも、コミュニケーションの能力を、ほとんど技能とは自覚していないようだ。

「わたしはラクして稼いでいる」

と自分で言う人もいる。お酒の相手をしてお金をもらえるんだから、と。

「資格も学歴もなくて、それでこんなに稼げる仕事は他にない」

と言っている女性もいる。

でも、彼女はそう言いながら、昼は介護の仕事をして、そして夜はキャバクラで働いて、と、すごく忙しく働きまくっている。

ラクして稼いでるなら、そんな長時間労働をしなくていいはずなんだけど。

ついでというか、キャバ嬢の住宅事情も話しておきたい。キャバクラで働いてる女性はいい暮らしをしている、と思われがちだけど、彼女たちが住んでいるのはホントに狭い、家賃6～7万台のアパート・マンションが多い。

ワンルームに姉妹で住んでるから、布団を2枚敷けないと言っていた人もいる。

女性は、セキュリティの問題があるからあんまりヒドいところには住めない。風呂トイレ共同とか、1階で丸見えとか、ものすごく安い物件は、さすがに怖くて住めないだろう。

いっときキャバクラの時給がよかったこともあって、そのころに高い家賃のマンションなんかに入ってしまった人は、そのあとが地獄だ。

キャバクラは長期間安定して稼ぐのが難しいから、そのマンションの家賃を払い続けられなくなってしまう。

「ホステス・キャバ嬢お断り」

なんて大家もいるから、キャバクラ勤めだとなかなか物件探しが難しくなる。

求人誌の巻末に、北新宿あたりの「キャバ嬢可」な物件の情報が載っていたりするけど、8〜10万台とかやや高めだ。歌舞伎町にはキャバ嬢専門の不動産屋もあるらしい。保証人や差別の問題で家を借りるのも大変だから、そういう店が成り立つんだろう。

05

キャバ嬢たちのロード・オブ・闘争

歌舞伎町で「今すぐ消えろ‼」

「コノヤロウ‼　うるせぇから止めろ！」

「今すぐ消えろ‼　音出すな、帰れ‼」

黒服の威勢のいい罵倒が、今から予想できる。

けど行くしかない。

そう思いながら、ガラゴロッガラゴロッ……地面からトラメを乗せたカートの車輪の音が響いてくると、

「ああ、これから争議に行くんだなぁ……」

と身が引き締まる感じがする。

トラメは4kgくらいの重さがある。これを毎回事務所からガラゴロと引いて持っていく。

わたしたちは冬の歌舞伎町にある、お給料を未払いにする店の前に出向いて、毎週金曜日に必ず争議をしていたのだ。

トラメを引いて歩いているだけで、町を歩く人たちはみんな、

「なんだろう？」

とわたしたちの集団に目をやる。

歌舞伎町の夜は、行ったことがある人ならすぐに目に浮かぶだろうけど、真冬でも多くの人が道を埋めている。ましてや、金曜日の夜ならなおさらだ。

わたしはダウンジャケットを着込み、吐く息も白い。けれどわたしたちは、

「相手が折れて、話し合いに応じて未払いのお金を払うまで定例で争議する」

と宣言したのだ。

一体、これから何回争議をするんだろう、この争議は最後まで続くのかな、などと考えながら、みんなと歩調を合わせて歩く。

われながら奇妙な集団だ。

トラメにカメラにビラを持ち、年齢も性別もばらばらな人間が10人くらい集まって、会話もほとんどないまま、目的の店まで足早に歩いていく。

通りかかるキャッチは、なんだろうといぶかしげにこちらを見て様子をうかがったり、中には、あいつらがまた来たよ、という顔をするものもいる。

「ユニオン来たよー」

なんてインカム（ボーイが耳に着ける無線）で言われることもある。

そんなこんなで歩いてると、やたらにゴージャスな看板が光っている目的の店に着いた。

すぐにトラメを使えるよう準備をして、みんなで店の前に立つ。そして、

「給料払え！」

「団体交渉に応じろ」

などと書いたダンボールで作ったプラカードのボードを持つ。

ここの店の前で争議をするのは三度目だろうか？

店のキャッチたちも、わたしたちがこれから何をするかはもう十分に理解している。

「歌舞伎町をご通行中のみなさん、わたしたちはキャバクラユニオンです。キャバクラユニオンは水商売で働く女性や男性が入れる労働組合です。今日はここ○○（店名）がお給料を未払いにしたまま話し合いに応じないので、ここまで来ました」

わたしが手袋を取り、トラメのマイクをつかんでしゃべり出したら、彼らはいっせいにわたしたちを取り囲んだ。けれど、わたしたちはいつもみたいに話し始める。

まわりのキャッチがざわめきだし、こちらを見て注目する。少し離れたところにいるキャッチを合わせれば30人くらいいるんじゃないだろうか？　通りがかったキャバ嬢やサラリーマンが、なんだなんだ？　という感じでこちらを見て、携帯のカメラを向けてくる。

けれど今日はそれだけじゃなかった。

これまで見たこともないくらいのガタイのスーツ姿の男たちが、6〜7人でわたしとトラメを持った仲間を取り囲んできたのだ。けど、ビビったら終わりだと思ったから、わたしはそれでも、

「○○の店長の○○さんはきちんとお給料を払ってください！」

と、囲まれた中でしゃべり続けた。まわりの男たちがいっせいにヤジを飛ばしてくる。

「おまえら何しに来たんだ！　今すぐ消えろ‼」

これまでの人生では聞いたことがないくらいのデカい声だった。なんて言うか、素人の罵声じゃないのだ。

そして、男たちの中の一人が、わたしの声をさえぎるためにトラメのコードを抜こうとこっちへと手を伸ばしてきた。わたしはギョッとして、必死にコードを押さえた。

「これって、今までのキャッチと違うな……！」

緊張感がわたしたちに走る。

大きな黒塗りの長いクルマがゆっくりとわたしたちの前に走ってきて、クラクションを何度も鳴らした。映画やドラマでしか見たことのないようなクルマ。どう考えてもヤクザとかじゃなきゃ乗らないでしょ、というやつだ。

それがわたしたちの前を通り過ぎると、男たちのうちの一人が、わたしの両肩をグイッ

と突いてきたから、バランスを崩し、後ろに倒れそうになった。

すると、今度は後ろにいた男がわたしの背中を突いてきた。何人もの男に突き回された。

しかも、男たちはわたしが倒れないように、あえて力を抑えて突いてくる。

囲まれた中で、わたしはまるでバスケットボールのように突き回された。不良たちのリンチってこういう感じなのかな、とも思ったけど、たぶんそれとも全然違うものなんだろう。怖いけど痛くはなくて、ケガもしない。脅しているだけなのだ。

この中で、わたしは話し続けた。

男たちはマイクを離そうと荒々しく手をつかんできた。

だけど、こっちだって意地がある。

離してたまるか、とマイクを持ち続ける。現場では、わたしとトラメを持っている2人だけが男たちに囲まれている。

囲まれて突き回されているうちに、またさっきのクルマがまたゆっくりと、こっちにクラクションを長く鳴らしながらやってきた。

「あの黒い窓が開いたら、拳銃を構えている男でも出てきそうだなぁ……」

という思いが頭の中をよぎった。

とにかく、わたしたちは最後までマイクを離さず、店には、

「一刻も早く誠実に団体交渉に応じて、未払い分のお給料を支払うように！」

と話しきった。

行動の途中で、事件の当該にも話してほしかったけど、こんなに囲まれている中でマイクを渡すのは、とてもムリだった。

ベランダに卵

とにかく大変だったけど、店前での情宣を終えて、みんなで話し合った。当該は涙ぐみながらわたしに抱きついてきた。彼女が、

「大丈夫ですか？」

と心配そうに言ったり、謝ったりするから、

「悪いのはあなたじゃないから、謝る必要はないよ」

と言った。当該にはいろいろな思いがあるから、こんな時、わたしに対して申し訳ない、という意識を持ってしまうこともある。でも、悪いのは経営者。謝罪意識は無用だ。メンバーの中には、わたしが小突き回されていた時、泣いていた人もいた。こんなことが起こったのは初めてだったから。けど、終わってしまえばみんなけろりとしたものだ。でも、

「今日のはさすがにヒドかったね、やり方がプロっぽいよね」

近所の中華料理店で、みんなでラーメンをすすりながら話し合った。

わたしはつかまれた手が赤くなっていたから、他のメンバーに写真を撮ってもらった。

みんなでやいのやいの言っていると、少しずつ興奮が冷めてくる。

わたしも他の人もケガしてないし、行動を無事にやりきった安堵感もあったけど、

「これから、今日みたいな暴力がエスカレートしていくのかな？　どうしよう……」

という不安も頭をよぎる。この日はさすがになかなか寝つけなかった。


けれどこの後、経営者は東京都の労働委員会のあっせんによる話し合いに応じると言い出した。支払いの約束を交わし、結局、無事に未払いの賃金は支払われた。

暴力のちらつかせや脅しに屈せず続けていけば、当初はめちゃくちゃなことしか言わない経営者も、きちんと話し合いに応じざるをえなくなる。

わたしたちはその状態まで持っていくのだ。


今でも、その店の前を通ってピカピカの巨大な看板を見ると、わたしはあの黒塗りのクルマのクラクションの音を思い出す。

腐った卵でも、あのクルマに投げつけてやりたかった。

そして今でも残念に思うのは、あの時腐った卵をわたしの身体じゅうにくっつけてたら、高そうなスーツ姿のあいつらにダメージを与えられたのになあ、ということだ。

けど、この話をすると、

「トラメが臭くなるからやめてくれ！」

とまわりの人間に言われてしまう。

でも、やっぱりやられっぱなしだとくやしいから、次回に向けてベランダで卵を腐らせておいたんだけど、幸か不幸かその卵の出番はなかった。

争議って、そもそも？——解決までの流れ

歌舞伎町の話から入ったけど、キャバユニの行動の中でも、大変だけどやったかいがあるというもの、それが争議だ。

不誠実な対応に終始する経営者の店に一人で乗り込んでも危険だし、営業妨害や不法侵入となることもある。けど、労働組合で争議で行く分には問題ない。営業時間にみんなで店に行き、今起きている問題をお客を含めまわりの人に知ってもらうのが争議だ。

そしてさらに、争議とは、

「店の営業を普通に行うことがはばまれること」でもある。営業中の店に組合員たちが行って、座り込んだりして抗議したりするから、普段のような営業ができなくなってしまう。

争議は法的に保証された行為（日本国憲法28条、労働組合法第8条などによる）だから、結果的に営業のマイナスとなっても、こちらを訴えたりはできないのだ。

事件の解決は、まず1枚の書面を作ることから始まる。もちろんいきなり争議になるんじゃなくて、最初は話し合いを求める。団体交渉の申し入れだ。「組合加入通知　兼　団体交渉申入書」を郵送する。項目はたとえばこんなものだ。

1. 未払いとなっている賃金の支払い
2. 違法に天引きした賃金の返還
3. 解雇の撤回
4. 就労の保証
5. 解雇によってこうむった損害の補償

電話連絡をして、ていねいに説明し、話し合いの場をまず設定してもらうことを求める。けど、すべての店がすぐに団体交渉のテーブルについてくれるわけじゃない。団体交渉を拒否してくる店もある。電話で、このままだと争議化することを伝えても、

「やるならやれよ。争議でもなんでも来いよ！」

なんて息巻く経営者は結構多い。

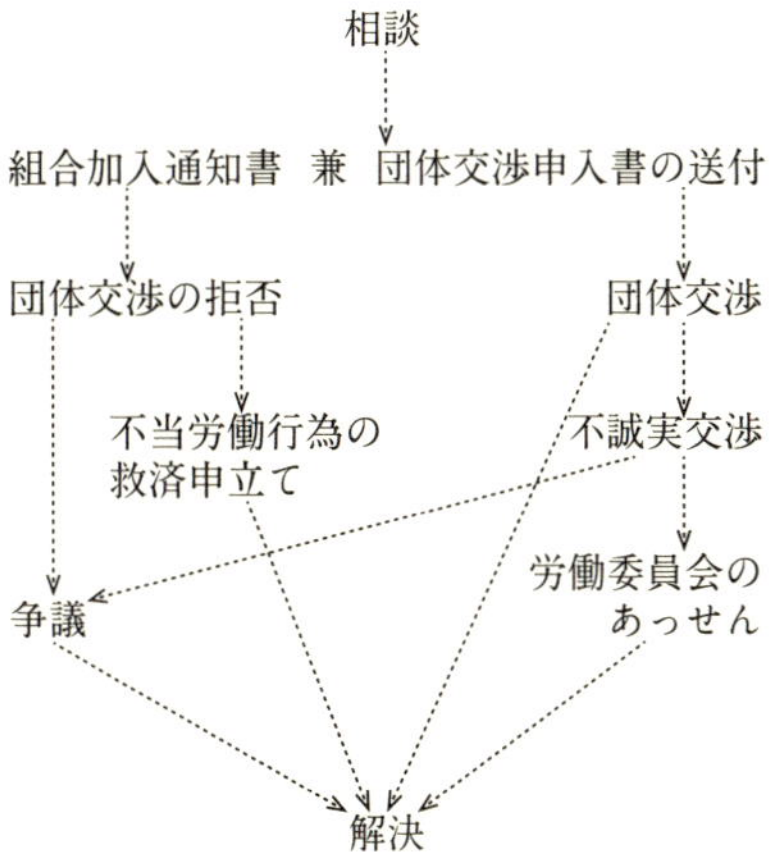

事件解決までのおおまかな流れ。労働委員会のあっせんなども手段として存在する

具体的な話を改めてしよう。

まずは当該のキャバ嬢を含め、6〜7人程度で対象の店を訪ねる。時間は開店直前だ。たとえば店が8時に開くなら、ボーイは6時半くらいには店にいるから、7時から7時半といった時間に、これからの店側の方針を確認したり、話をするために訪ねる。

このままだと争議状態に入ってしまう、ということを警告し、話し合いの場を持つことをとにかく求めるのだ。これが一段階目だ。このままだと、店の営業中に争議に来られる、ということを経営者に理解してもらわなきゃいけない。店を訪ねるのには、

「こちらが望んでいるのはあくまでも団体交渉での話し合いなので、それがきちんと誠実に行われれば争議はしない」

ということを伝える目的もある。


その次の段階は、「抗議及び警告書」で、このままなら争議状態に突入せざるをえない、ということを改めて警告する。

それでもダメなら、「争議通告書」を渡して、いよいよ争議状態に突入となるわけだ。

争議通告書の定型は、

「(争議化の理由は)これまでの店の責任による」

「争議が起きたからといって、違法行為がない限り刑事事件にはならない、免責になる」

というものだ。そして、書面を経営者側に渡して争議化が通告される。

そうなると、広く社会に対して自分たちの主張と正当性を訴えるために、トラメで宣伝し、ビラをまいたりする。

いざ争議、となっても、その行為の中にも段階がある。

最初のうちは、たとえばキャバクラの座席に着くなど、店の中で座り込みを行う、お客にもビラをまく、などが行われる。

それでダメなら、店の入り口を封鎖して座り込む。段ボールや画用紙に、

「この店はキャバ嬢の賃金未払いの店」

と書いたのを持って、そして座り込み、誰も店に入れないようにする。40人くらいの人数を集めて店内を占拠したこともある。

じゃあ、当該のキャバ嬢にとって争議とはどういうものなんだろう。

争議というのは、店もそうだけど、当該にとってもなじみがない話だ。

だから、「争議とは何か」をきちんと当該に説明することが出発点となる。実際の争議の例を説明して、自分のこととして追体験してもらう。

[redacted]

[redacted]

連絡担当組合員 [redacted]

抗議及び警告書兼団体交渉申入書

団体交渉は双方が誠実に紛争解決に臨むことで成立し、貴社は団体交渉に応じ誠実に話し合う義務がある。そもそも第１回団体交渉に貴社責任者として出席した [redacted] と会社側の紛争解決方針」の提示を組合に約束したにもかかわらず、第２回団体交渉に現れなかった。しかも [redacted] は組合に以後なんら連絡もせず、こちらからの電話連絡にも応じない。さらに急きょ第２回団体交渉に会社側責任者として出席した貴社 [redacted] さんは、自ら約束した第３回団体交渉開催日の前日である [redacted]、組合への架電にて「団体交渉を拒否する」と言い捨てたのである。 180

貴社のこのような不誠実な姿勢は、交渉による問題解決を拒否するものであり、労使の団体交渉における信頼関係を著しく傷つけた。貴社の姿勢は、当該組合員の生活を軽視し、当組合の団体交渉権を徹頭徹尾不当に貶め、いたずらに組合を愚弄する態度であり、明白な不当労働行為（労働組合法 7 条違反）であると認識せざるをえない。

貴社が今後このような姿勢を改めないならば、当組合は貴社に対する争議権の行使を検討せざるを得ない。組合は組合に許されたあらゆる争議行為、インターネットでの宣伝活動、および行政機関への申し立てなどを通して、ひろく社会にこの問題を訴え広範な社会的協力を得ることで本紛争を解決せざるを得ないとの認識に至ろうとしている。

本紛争を早期に解決すべく、貴社はただちに団体交渉に応じよ。当該組合員の労働問題について誠実に協議し、解雇を撤回するとともに未払い賃金を支払え。

記

(1)日　時　[redacted]日程の中で労使双方が合意できる日時で２時間以内

(2)場　所　当組合事務所　あるいは労使双方が同意しうる場所

(3)出席者　当労組側　当該組合員および当労組役員・交渉員、合計５名程度

(4)議題　1　貴店が未払いとしている賃金の支払い

2　違法に詐取した賃金の返還

3　[redacted]への解雇の撤回

[redacted]

[redacted]

[redacted]

連絡担当組合員 [redacted]

争議通告書

団体交渉は双方が誠実に紛争解決に臨むことで成立し、貴社は団体交渉に応じ誠実に話し合う義務がある。そもそも第１回団体交渉に貴社責任者として出席した [redacted] さんは、[redacted] と会社側の「紛争解決方針」の提示を組合に約束したにもかかわらず、第２回団体交渉に現れなかった。[redacted]さんは組合に以後なんら連絡もせず、こちらからの電話連絡にも応じない。

さらに急きょ第２回団体交渉に会社側責任者として出席した貴社 [redacted] さんは、自ら約束した第３回団体交渉開催日の前日である [redacted] なって、組合への架電にて「団体交渉を拒否する」と言い捨てた。貴社のこのような不誠実な姿勢は、交渉による問題解決を拒否するものであり、労使の団体交渉における信頼関係を著しく傷つけた。

さらに組合は [redacted] 「抗議及び警告書兼団体交渉申入書」で、貴社に団体交渉を申し入れた。しかし貴社は受け取りもせず、[redacted] は架電にて、書面を受け取らず団体交渉にも応じないと言い放った。このような事態に至って、組合は貴社の姿勢を、組合を軽視し団体交渉を拒否するものと見なさざるを得ない。したがって本紛争は、争議を通じてひろく社会に問題を訴える事で解決せざるを得ない局面に至ったと組合は判断し、ここに貴社に対し争議通告をする。この争議状態を解決するために、早急に団体交渉に応じ、[redacted] への未払い賃金の全額を支払うことを求める。もちろん組合は、いつでも団体交渉の再開による本紛争の早期解決の意思があることを申し添える。

以　上

連絡先　〒151-0053 渋谷区代々木 4-29-4 西新宿ミノシマビル 2F
フリーター全般労働組合／キャバクラユニオン
TEL　03-3373-0180　FAX　03-3373-0184

交渉の過程で経営者側へ送られた「抗議及び警告書（兼団体交渉申入書）」（右ページ）と「争議通告書」（上）。「抗議及び警告書」が団体交渉申入書を兼ねているのは団体交渉に応じるまで複数回申入書を送るため労働法の知識も必要なものから説明する。

争議とかで配るビラには本人の言葉を入れるから、その文章を書いてもらう。ビラのレイアウトも本人と考える。パソコンを使ったり、印刷したりと慣れない作業は大変だけど、これからの争議に向けて、一緒に作業をする。

あとは人集めだ。当該も当然動く。メーリングリストで呼びかけたりとかだ。

「何月何日に争議がある、自分の事件はこんな状況なので協力してほしい！」

と。こういう局面だから、ここはみんな集まってほしい、ということを伝えるのだ。

争議って、準備は大変だけどおもしろい。

「ライブに行くとか、舞台や映画を観るとかよりおもしろいよね」

とキャバユニのメンバーの人が言ってて、それにみんなうなずいていたのが印象深い。

だって、店に一方的にいろいろ言われて、それでもガマンして耐えてきたキャバ嬢が、今度は店にやり返して、これまで従業員を圧倒的に低い存在として見ていた経営者に対等にモノを言うことができるというのは、すごく爽快な場面じゃないだろうか。

キャバ嬢を取り巻く状況がヒドいからこそ、キャバユニでいろんな争議に関わると、

「キャバユニがやってることは、ただ単にお金を取り返すだけの闘いじゃないんだな」

と強く思う。

商品扱いされてきたような女性が、自分を食い物にして、バカにしてきた経営者たちに対して、交渉だ、争議だとおおいに暴れてやることができる。てめえ、ざけんじゃねえよ、と思いっきりやっていいんだ。


けど、いっぽうでこちらが相当なダメージを受けることだってある。

たとえば、行ったら店が閉められていた、などだ。

街にいるキャッチは、インカムの無線を使って情報共有をしている。だから、わたしたちが行くと、そのことを駅から店に着くまでのあいだに、キャッチたちの連絡網によって情報が共有されてしまうのだ。前に出てきた歌舞伎町の争議みたいに、

「例のユニオン来たよ」

「ユニオン来ましたー」

と。それが店に伝わって、入口の扉を閉められてしまう。

そういったことがあるから、こちらも店までの移動ルートを変えたり、最寄り駅についても、出る改札を変えてみたり、ということをやる。

改札が一か所しかない時は降りる駅を変えて、そこからずっと歩いていくこともある。いろんな策を練るけど、何回かやっているとそれでも覚えられてしまう。

すごいなと思うのは、ボーイ同士の横のつながりだ。彼らは人の顔を見るのが仕事だ。それでスカウトやキャッチをする。すぐわたしたちは顔を覚えられて、それを共有されてしまう。だからこっちも、また新しい作戦を考える。もっとも、ボーイがどう動くかは、店で働いていた当該は当然よく知っている。

「うちのボーイは、この時間ならこの道路、この時間ならあそこにいる」

と。だから、当該を交えてどこのルートを通っていくか、などの作戦を考えていく。

上野の争議で「デブ！」「ブス！」

争議というのは店によってもいろいろで、地域によっても全然違う。交渉での対応も地域によって全然違うけど、争議というのは大きい音を出して、結果的には近隣の店にも非常に迷惑になるから、相手の対応に地域ごとの違いが強烈に出る。たとえば上野と歌舞伎町は、キャバユニがよく争議をする街だけど、カラーが全然違う。両方とも、キャッチの数もすごいし、彼らの横のつながりも強いけど、上野はホントにキャッチのつながりがガッチリしていて独特なのだ。上野のキャッチは連帯感が強い、というのはたくさんのキャバ嬢が言うところだ。

キャッチが暴力的な対応をしてくるのも、上野がダントツ。

彼らはホントに店を超えて連携する。こちらに対しても20~30人くらいで対抗してくる。争議に行って、キャッチからタバコの吸い殻を投げつけられたりとか、空き缶が飛んできたりとか、空からポップコーンが降ってきたことだってある。

だから、こちらも上野で争議をする時は、人を多く集めなきゃ、となる。

仲町通りというところが上野のキャバクラのメインストリートなんだけど、そこの入り口に何十人もキャッチがいる。彼らが一体になって、わたしたちに対抗してくるのだ。

こっちは争議のためにキャッチがたまっているところへ突っ込んで行くから、もうキャバユニが来たことが仲町中にバレバレになる。そしてからまれ、罵詈雑言の嵐となる。

「そのカバン、マジでダセえなあ！」

「アメ横で買ったんじゃねえの？」

とか意味不明なからみをしてきたり、わざわざ近寄ってきて、バカにしたような感じで、

「お姉さんさぁ、なんのためにこれやってるの？」

とか言ってくる。そして、

「ブス！」

「デブ！」

「どいつが給料を稼げねえヤツだ？」

とかディスってくる。

男性に対しては、

「クセえぞ！」

「あっち行けよ！　おまえ、いじめられっ子だっただろ？」

というのが定番だ。

とにかく、罵倒が激しい。上野はそういう感じの街だ。


罵倒に対しての言い返しは、戦術的にどうなんだろう。

言い返してもいいけど、そうするとキャッチのほうもどんどんヒートアップしていく。罵倒を冷静にだまってやりすごしているほうがいいのかもしれないけど、でもそれって一方的にディスられ通し、ということになって、それもやっぱりなんだかな、と思う。

相手にしないのと言い返すのと、どちらがいいのかは正直分からない、というところだ。

争議の現場で、向こうがディスりでせまってきた時には、キャバユニとしては、

「暴言はやめてください」

と言う。そして、

「これは生活がかかっている、給料未払いの問題なんだ」

「これは争議権として許されているから、払われるまで何度でもやる」

と伝える。返ってくるのは、

「知らねえよ！」

「うるせえよ！」

といったヤジばかりだけど。

争議は楽しい、とは言っても、やはり、大勢の男性に囲まれて罵倒されると、すごくショックを受けてしまうことがあるのは否定できない。

当該には、キャッチというのは、だいたいみんな同じ対応で罵倒するよ、という話も最初に伝えて、ショックを軽減するためにもあらかじめ心構えをしてもらう。

怖い目にあったら

当該などが受ける、こういったショックに対して、

「キャバユニとしては、何ができるんだろう？」

とよく話し合うけど、まずは、

「怖かったね」

ということを共有し合うことが大事だと思う。

みんなで一言ずつ、キャッチのディスりとかに対してどう感じたか、感想を言ったりする、ということを通して気持ちを共有していく。

お互いに連絡を取り合って、不安になった時は話をする。怖いことは隠さない。そういった気持ちもシェアし合うよう、みんなで話すようにしている。

けれど、実際はいろいろと大変だ。

当該には当該のつらさが山ほどある。わたしの経験としても、キャバユニの交渉者が、相手側の男性従業員と談笑しているだけで腹が立ったりもするし、精神的にも続けていくべきか、迷ったりして不安定になってしまうものだ。

みんなと中華料理屋でご飯を食べている時、泣きながら席を立ったこともあった。今から思えば、まわりもとんだ迷惑だろうけど、その時はせっぱ詰まってたのだ。

けど、そんな精神状態でも、仲間がいつも勇気づけてくれたし、他の事件の当該が争議などに駆けつけてくれることも、ホントに力強く感じて、励みになった。

自分一人で抱え込むんじゃなくて、みんなに話して共有して、精神的な〝デトックス〟っていうのだろうか、そういった作業を繰り返しながら、争議をしていくのだ。

あと、怖いというかよく分からないんだけど、最近、男性のメンバーが争議中にツバをかけられることがあった。

男の人が男の人にツバをかけられる。人生において、ツバをかけられるというのは、どういうことなんだろう。小学生くらいなら、マンガみたいなノリであるかもしれない。でも、大人の世界にそれがマジであった、というのは、女性の目からすると激震だった。それも帰り際に後ろからかけられるとか。

やっぱりあっち側も必死なんだろう。ツバなら警察ざたになりづらい、という計算もあるのかもしれないし、キャッチ同士で、キャバユニの〝襲撃〟に対抗するアイデアを共有しているのかもしれないな、と考えてしまう。

向こうからすれば、争議は自分たちを攻撃する〝暴力〟だ、となるかもしれないし。

このことについては考えることがある。たしかに争議はこちら側、つまりキャバユニ側が行使する〝暴力〟だ。

わたしたちは相手側の〝陣地〟に大きな音を出して乗り込んでいくわけだから、相手からすれば、それってある意味で暴力になることは否定しない。

争議というのは、店の暴力に対してこちらの暴力で戦うということでもある。それがどういうことなのか、暴力を受けた時にはどうするか、とにかく争議のように暴力と対峙する場面だと問われるし、今でも考え込んでしまう時がある。

警察は弱者の味方じゃない

法的に争議という行為が認められている、といっても、警察の問題はどうしてもある。キャバユニの争議だと、店側や、場合によっては近隣の人に警察を呼ばれることがままあるからだ。争議は営業中の店に入るから、それが営業妨害だということで通報するのだ。通報に対して、警察は争議に介入してくる場合としてこない場合があるけれど、まず言えるのは、警察の存在は店側にとってもプレッシャーになる、ということだ。

警察が見ている中で、キャバユニ相手にどこまでやっていいのか、ということを、店側も考えなきゃならなくなるからだ。中には警察に対して、

「今からキャバユニの人間を殴るから、暴行罪でパクれよ！」

みたいなことを言う、オラオラしている手合いもいる。けれどそれって、

「こいつを今から殴ってやる！」

と、わざわざ警察の前で宣言しているわけで、男性心理ってよく分からないな、と思う。店側が自分で呼んでおいて、警察ともめてしまうこともある。

「警察は、こいつら排除しろよ！」

と言っても、それができないとなると、怒りの矛先が警察に向かうのだ。

キャバユニとしては、通報されても普通は困ることなんかない。変な言い方だけど、むしろ警察には来てもらったほうがいいくらいだ。店側としては、警察を呼んだら、

「（キャバユニは）ビビって帰るだろう」

「逮捕されて消えてくれる」

と思ってるみたいだけど、そんなことじゃわたしたちは引き下がらない。

「警察呼ぶぞ、コラ！」

みたいな感じなら、さっさと呼んでくれというのが正直なところだ。警察が介入しないと分かって、通報した店の人間ががっかりするだけなんだから。

警察の立ち会いがあるところで、団体交渉の日程などを決める話し合いをして、これが店側が折れるきっかけになることもある。

警察の登場が解決のきっかけになった時なんか、警察も使いどころがあるな、と思う。

埼玉県警はメンドい

とは言え、警察によってはややこしいこともある。

通報されると、普通は交番の警官が来る。しかしたまに公安警察が来ることもあって、そんな時はなんなんだよ、と思う。

そして、これが大事、というと変なんだけど、とにかく、警察もまた、地域によって対応がまったく違うのだ。わたしたちも驚いてしまうくらいに。

これまでの経験で言うと、千葉県警もヒドいけど、ダントツでヒドいのは埼玉県警だ。歌舞伎町や上野だと、警察は来ても何もしない。東京の警視庁は民事不介入の原則が徹底してるというか、一般の労働争議も多いし、そういったことに慣れているんだろう。中には労働争議だと分かると店を出ていく警官もいる。経営者に、

「ちゃんと話をしろよな」

とか言う警官もいるほどだ。

けれど、埼玉県警は争議に割って入ろうとする。ホント、怖いくらいだ。

大宮でも、春日部でもそうだった。しかも、埼玉県警の警官は、あきらかにこちらに敵

対するような威圧的な態度で怒鳴ってくる。わたし自身も、もしかしたらパクられちゃうんじゃないか、と思ったことが何度もある。組合の名刺を警官に見せ、住所と連絡先、代表者名を伝えるんだけど、それでもなかなか引き下がってくれない。

トラメで話していると、騒音条例を盾にして、

「帰れ！」

とか言ってくるし、そもそも経営者がお給料を未払いにしているのが問題なのに、まるでこっちが悪いことをしているみたいにからんでくるのだ。逮捕するぞ、と言わんばかりに過剰に出てくる。わたしたちをおまえ呼ばわりして、

「とにかく警察が来たんだから、騒ぐのをやめろ」

と高圧的に言ってきて、

「誰が未払いを抱えていて、いくら踏み倒されたんだ？」

とか、居丈高に事情聴取してくる。でも、こっちはそういう話は、基本的には警察にしゃべらない。仮に話をしたところで、警察は何かしてくれるわけじゃないし、ただ単にこちらの情報を収集したいだけだからだ。

争議の当該であるキャバ嬢は最初、

「警察は自分の味方だ」

と思っている。もちろん彼女たちは被害者だ。だから、自分がどんな目にあっているのかを訴えたいから、被害者として警察にしゃべりたいと思う人だっている。

でもほとんどの場合、警察は彼女たちの味方にはなってくれない。

むしろ、警察にヒドい介入をされてショックを受ける人も多い。相手方の経営者に通報されて警察が来れば、当たり前だけどやっぱり恐怖を感じてしまう。だから、キャバユニとしては、当該に対しては、

「警察は民事不介入だから」

「警察が出てきたところで困ることとなんかないし、むしろこっち側が有利になるんだよ」

ということを最初に話しておくんだけど、それでも警官の態度によっては、怖くなってしまう。まあ、自分が警察に通報される立場になることとなんかそうそうないんだから、当たり前といえば当たり前なんだけど。それと当該には、

「通報されて来る警官は敵でも味方でもないということ」

「警官が情報収集しようとしても、わたしたちは組合の連絡先と代表者名以外は答えない」

ということも説明する。

疑って見てしまえば、警察と店の人がどこでどうつながっているか分からないし、場合によって事情を説明することはあっても、特に当事者の個人情報となることは言わない。

警察だって、風営法から見て違法な点があったところで、それについてわたしたちが何かを言ったところで動くわけじゃないし。ホントは未払いなんか詐欺みたいなものなんだから、警察だってもっと動くか、営業許可の審査を厳しくしてもいいような気もするけど。そういえばの話だけど、キャバ嬢たちと警察の話をした時に決まって出るネタとして、

「警察のお客って、ホント多いよね」

というのがある。

争議をしていると、店にいるお客が一番ややこしい存在となるのは体験済みだ。キャバクラの愛好家を多く抱えている警察が、わたしたちの味方になってくれるなんてことは、まあ、まずありえない話だろうな……と思う。

〝サンプル〟を欲しがるメディア

「メイクしてるところを撮らせてくれ」

しばらく前に、中東・カタールの放送局、アル＝ジャジーラからの取材を受けたんだけど、その時印象的だったのは、取材のクルーからのこの注文だった。なんでだろうと思ったら、芸者がするようなドーランの白塗りみたいな絵が欲しかったみたいなのだ。芸者と

キャバ嬢のメイクは、実際には全然違うんだけどな。

彼らは、そもそもキャバ嬢と芸者の区別がついてないようだった。でも、海外のメディアとの感覚のズレって、これはこれでおもしろかった。

放映された映像を見ると、ずっと警察とボーイがもめるシーンが流れていたりとか、編集のやり方が日本の感覚とは全然違っていたのが記憶に残っている。

実際、外国人にキャバクラの概念を説明するのはなんとも難しい。

話し相手をしただけで女性にお金を払うという発想がない。最後にセックスをしないのに、なんでお客がお金を払うのか理解できないのだ。お酌相手という文化がないからなのだろうか。それとも、女性に公然とセクハラしたいという気持ちがないのか？　日本の男尊女卑や女性蔑視、といったことをまず話して、その上でキャバクラについて説明しても、外国人はキャバクラを本質的には理解できないんじゃないか、というのは気のせいか。

メディアということで言えば、フランスとか韓国なんかだとキャバユニに対してもその活動自体に興味を持っての取材が多い。そういった文化や活動が根づいているからなのか。

いっぽうで、日本のメディアだと取材の申し込みでも、

「貧乏な人を紹介してもらえませんか？」

というようなのがホントに多い。

「ダブルワーカーを紹介してほしい」

「貧乏で選挙に行けない人はいませんか」

とか、労働組合の活動を取材したいというよりも、キャバ嬢とフリーターを紹介してもらいたがる。なんというか、組合を貧乏人のサンプル紹介業みたいに見ている気がする。

けど、わたしたちはそういったことはしていない。

そういうこともあって、日本のメディア、特に雑誌からの取材は断ることもある。言ってもいないことを書かれたり、年齢を変えられたりとか、ホントいい加減なものがあったからだ。

そもそも、キャバ嬢にとって顔出しってやっぱりキツいし、だいたい忙しい。

キャバユニを大きくするとか、有名にするという戦略があれば、そういう取材も受けていいんだろうけど、そこまでの戦略はないから受けない。

テレビだって最初から台本が決まっていたりする。キー局のバラエティ系情報番組からの取材でも断っている。けれど、NHKの女性記者はさすがに、ありとあらゆるキャバユニの行動に張りついて、熱心に徹底した取材をしていた。

わたしたちとしては、やっぱり闘う労働組合との連帯は重視する。アピールとかも、日程が合いさえすれば行く。

大手メディアの取材は断っても、小さな仲間の団体の機関紙などは喜んで記事を書く。こういうことをやっているとメディア受けが悪くなるのも正直なところあるんだけど、メディアについては、自分たちの経験からしてもちょっと考えてしまうことがある。

２００９年、キャバユニを結成したころ、みんなで新聞、スポーツ紙、テレビに出まくったことがあった。反響はわれながら大きかった、と今でも思う。

けど、その後取材を受けて行く中で、出る人出る人、みんなダメージを受けてしまったのだ。なんでかというと、記者からの質問にまいってしまったのだ。

「彼氏はいるのか？」

「手取りはいくらか？」

「いちばん稼げていくらぐらいか？」

とか。こういった話も、取材だから聞かれるのは当たり前なんだけど、問題の状況や形をつかむために聞くというより、メディアにもよるけど、ただ単にサンプルだけ取り出して、ネタとして消費するために根掘り葉掘り聞かれる時があるな、というのも正直な感想だ。キャバクラの仕事で女性を商売のネタにさせられながら、さらにメディアにもキャバ嬢としてネタにされる、というのはちょっとよろしくないなと思う。

繰り返しになるけど、キャバユニにいるキャバ嬢でも月にお金をどれだけ稼いでいるのか、というのはバラバラだ。稼ぐ金額が10万台の人もいれば、１００万だという人もいるけど、だいたいの場合、20~30万を稼ぐのが大変、という商売だ。

おおまかな印象としては、メディアは、うまくいっている少数派の高収入組をちやほやする傾向があるみたいだ。最近は〝貧困化〟が進んでいるから、以前ほどはそういった傾向はなくなっているという人もいるけど、やっぱりキャバ嬢は稼いでるんですよ、とか、稼いでない人がいるけど、いっぽうでこんなに稼いでいる人がいるわけで、結局は個人の能力の優劣の問題なんですよ、という図式を作りたがる、という印象はどうしてもある。

これも何度でも繰り返すけど、昼職のＯＬとかと比較しても、時給額面こそ派手な数字でも、ボーナスもないし、他の人が休む時期に働かなきゃいけないし、休みたくない時に休みになってしまうし、引かれる額も多いし、有給、保険、退職金、労災、雇用保険がないし、そういったもろもろを考えると、けっしてキャバ嬢の労働条件は恵まれていない。

時期的な変動もあって、たとえば年末年始やボーナス月ならすごく稼げるけれども、２月、８月、いわゆるニッパチだと、仕事をそもそも入れてもらえないことすらある。

取材する人には、キャバ嬢という商売のトホホ加減が分かってもらえるといいんだけどな、というのが切なる願いなのだ。

どの業界もキャバクラ化してる

ここまで、さんざんキャバクラの労働やキャバユニの活動について話をしてきたけど、最近気になるのは、いわゆる賃労働の世界が、全体的にキャバクラ業界っぽい雰囲気になってきているんじゃないかということだ。わたしたちのまわりの賃労働の話を聞いても、「まるでキャバクラみたいな労働環境ですね……」

ということが多くなった。コンビニが病欠したアルバイトから罰金を取って問題になったこともあったし、飲食店でアルバイトがサービス残業を強いられたりとかだ。宅配便のバイトで、「休憩が取れないのはおまえの能力が足らないからだ」と言われたのも話題になった。

なんと言ったらいいのか、とにかく本人の〝努力〟とか〝自己責任〟が強調される。成果でお給料が変動したり、残業代がきちんと払われなくなったりもする。

これはホントにヤバいことだ。労働者にお給料を払ったりとか、経営のために経営者が責任を取るべきことがらでも、働く側が、

「それは自分の努力不足だからしかたないよね」

と思い込まされる風潮が広がっている。残業代を支払わないということについても、労働組合側がきちんと対応するように要求しても、

「本人の努力次第で、残業しないでもすむように仕事できるはずだ！」

みたいな言い方を経営者がしてくることが多くなっている。

これって売上で時給が変動させられるキャバクラと同じような発想から来ていて、とにかく所定労働時間をオーバーして働いても定額しか払わないとか、ヒドい場合はタイムカードを切らせてから賃金ゼロで何時間も働かせたりしている。ホント、キャバ嬢と同じだ。

繰り返しになるけど、

「キャバ嬢は商品」

とキャバクラの経営者が言っていたのはやっぱり示唆的で、いろんな職場で、働く人の商品化が進んでいるな、と思う。

派遣労働で働く人の賃金が、人件費でなく物品費として扱われるという話があるんだけど、働く人の非正規化が進んでいるということは、結局、会社と労働者は支え合う関係だ、なんて神話も成り立たなくなってきていて、会社が一方的に、労働者を搾取して使い捨てるような関係になってきている、ということだ。

わたしは昭和ノスタルジア系の人間じゃないし、昔の雇用関係がよかった、とか言うわ

けじゃないけど、とにかく今の状況が悪くなってきているとはものすごく思う。

時間をいろんな形でごまかして、社会保険に加入しない会社も増えている。

他の人のタイムカードに時間をつけさせて、厚生年金の加入を免れようとしたり、本人が厚生年金への加入を求めると労働時間をカットしてくるケースもある。

キャバクラみたいに、会社をつぶして、お給料を未払いのままでトンズラしようとする会社も多くなってきている。わたしたちのまわりでも、アパレル店に勤めていた女性がクビにされ、もらうはずのお給料さえもらえないというケースもあった。

コンビニでも毎日数時間はただ働きという人がいたり、いろんな職種で、どう考えても不当な理由で即日解雇されても解雇予告手当が支払われない、という相談はよくある。

労働者の非正規化が進んで、賃金が安くなった。

年収200万前後のアンダークラス（下層階級）の労働環境や生活状況が、キャバクラのように悪質化して、しかもそれが本人の能力の問題にさせられる状態が拡がっている。

パワハラなんかも平気で行われて、本人の自尊心をおとしめて働かせる。労働環境の悪化は、おそらく、今後もこのまま進んでいくだろう。生活できるかどうか、という賃金しか出さず、いつ放り出されるかも分からない。ちょっとした病気やケガで、それで完全に生活が壊れてしまう、というくらいに追い詰められている人は多いだろう。

キャバユニのメンバーが、

「キャバクラはネオリベ（新自由主義）の最先端」

だと言ってたけど、ホントにそうだ。

アンダークラス。棄民。そんな言葉がぴったりなわたしたちみたいな層は、消費することも期待されず、何か価値を産み出すとも思われていない。死なない程度に生かされているのかもしれない。生活ぎりぎりの賃金しかもらってないから、消費者としても何かを買う、なんてこともあんまりできないし、そもそも期待されてない。時間を切り売りして、労働ロボットとして仕事をこなすことが求められているから、生産性も期待されない。この日本という国の中で、ある意味でもう捨てられて、死なない程度の労働をさせられている。

こんな状況の中で、過労で自殺する人が出たってしかたない。それすら本人の能力の問題だ、と言われるんだから。

労働の現場、そのキャバクラ化は着実に進んでいる。

あとがき――残酷物語を超えて

あらゆる暴力での支配、無数の差別と偏見の視線、それによって破壊される生活と精神と身体。

書ききれないほどの残酷物語がキャバユニの電話相談で開陳される。電話越しに泣き出す人、相談の場で涙が抑えきれなくなった人が、これまでどれほどいただろうか。

でも、事務所に相談に来る彼女たちはもう、一歩を踏み出した人たちだ。

経営者からさまざまな形で奪われたモノや尊厳を、自分の手で取り返しに歩き出しているからだ。

もうだまっている必要なんかないし、悪いのは自分なんだ、と責め続けることもない。

おかしいと思ったことはおかしいと言えばいい。

わたしたちができることは、歩き出した彼女らに、キャバユニという〝武器〟の使い方を教えて、その後をついていくだけだ。

それを彼女たちはいつもわたしたちに教えてくれる。

最初、彼女たちは不安げに事務所を訪れる。

でも、闘いに踏み出していく中で、最初の不安そうだった顔が思い出せなくなるくらい、みんなで、時には肩を震わせて怒り、泣き、笑うことができるようになってくる。

女性たちが変わっていく、強くなっていく、こういった過程を目の当たりにすると、わたしたちはもう勝ったな、といつも思う。

経営者から未払いを全額取り返す前に、あきらめてキャバユニをやめてしまう人もいる。けれど、もし途中でリタイヤしたとしても、一人でただ泣き寝入りするより、誰かと一緒に闘った経験を得ることができたこと、それだけでも強力な武器になるはずだ。


キャバユニを結成したころ、「泣き寝入り」という言葉を使うのに違和感を覚えた。泣き寝入りして何が悪いの、と今でも思う。泣くことも寝ることも、あしたのために必要なことじゃないか。だから、泣き寝入りする必要はない、という言葉に違和感があった。そう、一人で思い切り泣いて寝て、それから歩き出したって遅くはない。

もちろん、そのままあきらめてしまえば経営者の思うつぼだ。だけど思い切り泣いて、さんざんふて寝して、それでスッキリして、元気を取り戻してから、一歩を踏み出せばいいじゃないか。そうすれば、誰かと出会っていく中で、もっともっとエネルギーを得ることができる。闘うことができる。

こういった活動で一番重要なのは出会いだ。

キャバユニにはいろんな人がいる。何もなければ出会わなかっただろう人びとが出会い、一緒に考え行動する。困難もつきものだけど、その分予想外のエネルギーが生まれる。よく、当該から解決時に「ありがとう」と言われるけど、労働組合は誰かが誰かを一方的に支援するものじゃない。わたしも含めてメンバーたちは、むしろ闘う彼女たちからエネルギーをもらってきたんだと思う。

これからもキャバユニは、多くの人が出会い、エネルギーが生まれ続ける場であってほしい。もし、自分一人で動き出せないことがあったら、勇気を出してまず相談してほしい。電話でもメールでもツイッターでもいいから。

あきらめることだけが選択肢じゃない。さまざまなやり方がある。まずは一緒に考えよう。何ができるか、何をしたいかを。

キャバユニを卒業したメンバーも各地にたくさんいる。彼女たちは、自分で同僚の労使トラブルの交渉をしたり、困っている同僚の相談に乗ってキャバユニに紹介したりしてくれた。キャバユニはいろんな形で拡がっていく。

今まで出会ったたくさんのキャバ嬢たち。みんなそれぞれがタフで魅力的で、わたしはもうキャバ嬢のファンになってしまった。

彼女たちに出会えたこと、一緒に闘えたことを誇りに思う。

「ありがとう」

はこちらの言葉だ。

彼女たちの勇気とエネルギーの連鎖が、女性たちの苦しみと抑圧を打ち破る力になれば、と切に願う。

布施えり子（ふせ・えりこ）
1981年生まれ。非正規労働者の労働組合・フリーター全般労働組合で活動するうちに、2009年にキャバ嬢をはじめとした夜の世界で働く人びとの労働組合・キャバクラユニオンの立ち上げに携わり、賃金の未払いや暴力・ハラスメント等といった幾多の労働トラブルを解決。『朝日新聞』、『毎日新聞』、共同通信、NHK等メディアへの登場多数。本書が初の著書となる。
〔mail〕union@freeter-union.org
〔twitter〕@cabauni

キャバ嬢《じょう》なめんな。
夜の世界・暴力とハラスメントの現場

2018年4月20日 第1版第1刷発行

著　者　布施えり子
発行者　菊地泰博
発行所　株式会社 現代書館
〒102-0072 東京都千代田区飯田橋 3-2-5
電話 03-3221-1321 ／ FAX 03-3262-5906 ／振替 00120-3-83725
http://www.gendaishokan.co.jp/
印刷所　平河工業社（本文）　東光印刷所（カバー）
製本所　鶴亀製本
装　幀　宮崎希沙

校正協力：高梨恵一　カバー・表紙・著者写真：玉井美世子

ISBN978-4-7684-5830-3